FLORIAN HOMM
JANNIS GANSCHOW

ERFOLG IM CRASH
WIE SIE MIT KONKRETEN ANLAGEIDEEN VON DER KRISE PROFITIEREN

ERWEITERTE UND AKT. NEUAUSGABE

Bibliografische Information der Deutschen Nationalbibliothek
Die Deutsche Nationalbibliothek verzeichnet diese Publikation in der Deutschen Nationalbibliografie;
detaillierte bibliografische Daten sind im Internet über http://d-nb.de abrufbar.

Für Fragen und Anregungen:
info@finanzbuchverlag.de

3. Auflage 2019

© 2018 by FinanzBuch Verlag,
ein Imprint der Münchner Verlagsgruppe GmbH
Nymphenburger Straße 86
D-80636 München
Tel.: 089 651285-0
Fax: 089 652096

Alle Rechte, insbesondere das Recht der Vervielfältigung und Verbreitung sowie der Übersetzung, vorbehalten. Kein Teil des Werkes darf in irgendeiner Form (durch Fotokopie, Mikrofilm oder ein anderes Verfahren) ohne schriftliche Genehmigung des Verlages reproduziert oder unter Verwendung elektronischer Systeme gespeichert, verarbeitet, vervielfältigt oder verbreitet werden.

Die im Buch veröffentlichten Ratschläge wurden von Verfasser und Verlag sorgfältig erarbeitet und geprüft. Eine Garantie kann dennoch nicht übernommen werden. Ebenso ist die Haftung des Verfassers beziehungsweise des Verlages und seiner Beauftragten für Personen-, Sach- und Vermögensschäden ausgeschlossen.

Redaktion: Judith Engst
Korrektorat: Silvia Kinkel
Umschlaggestaltung: Florian Müller; Melanie Kretzschmar
Umschlagabbildung: Shutterstock/Everett Collection
Satz: ZeroSoft, Timisoara
Druck: CPI books GmbH, Leck
Printed in Germany

ISBN Print 978-3-95972-116-5
ISBN E-Book (PDF) 978-3-96092-201-8
ISBN E-Book (EPUB, Mobi) 978-3-96092-202-5

Weitere Informationen zum Verlag finden Sie unter

www.finanzbuchverlag.de
Beachten Sie auch unsere weiteren Verlage unter www.m-vg.de.

Inhalt

Abbildungsverzeichnis. 5

Vorwort 9

Einleitung 19

Analyse. 24

Was hat sich seit meinem Buch *Endspiel* verändert und sind diese
Veränderungen überhaupt relevant? 24

Welche Signale deuten auf einen Crash hin? 37

Die notorischen Bullen – DAX 30.000. 77

Investment-Strategien. 90

Die Timing-Frage. 90

Gastbeitrag: Technisches Bild. 98

Junk-Bond-Spread und Volatilität. 108

Was funktioniert nicht?. 110

Was sollte in einer langwährenden Krise funktionieren?. 115

Megatrends 149

Anlageideen 154

Branchen 154

Watchlist. 155

Schlusswort 165

Appendix A: Werkzeuge 170

Welche Risiken birgt ein Leerverkauf? 172

Wie und wo können Sie leerverkaufen?. 173

Was sind Derivate? 176

Welche Derivate gibt es und wie funktionieren sie?. 177

Appendix B: Glossar 192

Appendix C: Über die Autoren. 200

Disclaimer / Haftungsausschluss

Die vorliegende Publikation dient ausschließlich Informationszwecken. Alle hier verwendeten Informationen, Daten oder Meinungen stammen aus Quellen, die das Autorenteam aus eigener, subjektiver Anschauung zum Zeitpunkt der Erstellung als zuverlässig, vertrauenswürdig und/oder angemessen erachtet hat.

Das Autorenteam übernimmt keine Gewähr für die Vollständigkeit, Korrektheit oder Qualität der vorliegenden Informationen. Hinsichtlich der Inhalte verknüpfter Webseiten Dritter übernehmen die Autoren und Herausgeber keine Haftung. Die Autoren und Herausgeber haben insoweit keinen Einfluss auf die Inhalte externer Webseiten Dritter und distanzieren sich von diesen, sollten diese nicht mehr ihrem ursprünglichen Inhalt zum Zeitpunkt der Fertigstellung dieser Publikation am 27.07.2017 entsprechen. Die Veränderungen der dieser Publikation zugrunde gelegten Daten können Einfluss auf die darin gemachten Einschätzungen, Prognosen oder Kursentwicklungen haben. Die in dieser Publikation gemachten Aussagen stellen unter keinen Umständen eine Aufforderung zum Kauf oder Verkauf eines Wertpapiers, einer Option, eines Optionsscheins oder sonstigen Finanzinstruments dar. Die Studien, Kommentare, Einschätzungen, Meinungen, Darstellungen oder sonstigen Angaben der Autoren stellen keine Anlageberatung dar.

Jede Investition in Wertpapiere ist mit Risiken behaftet, die zu einem Teil- oder Totalverlust führen können. Käufe oder Verkäufe von Wertpapieren sollten nicht allein auf Grundlage dieser Publikation getätigt werden. Investitionsentscheidungen sollten stets nach vorangegangener und eingehender Beratung durch einen zertifizierten und professionellen Anlageberater getroffen werden. Grundsätzlich sollten Wertpapierkäufe nicht kreditfinanziert werden. Jeder Investor/jede Investorin ist angehalten, vor dem Kauf eines Wertpapiers selbstständig zu recherchieren und fachkundigen Rat einzuholen.

Nach § 34 des WpHG: Die Autoren halten zum Zeitpunkt der Veröffentlichung dieser Publikation keinerlei Aktien an den erwähnten Unternehmen. Dieser Tatbestand kann sich unter Umständen in Zukunft ändern.

Diese Publikation darf von dem Bezieher/der Bezieherin nicht reproduziert oder an dritte Personen weitergegeben werden. Dieser Haftungsausschluss unterliegt dem Gesetz der Bundesrepublik Deutschland.

Abbildungsverzeichnis

Abbildung 1: The Global Credit Impulse, S. 28

Abbildung 2: S&P 500 versus Industrial Production, S. 30

Abbildung 3: G3-Zentralbank-Bilanzen versus FANG versus NON-FANG, S. 32

Abbildung 4: Wirtschaftswachstum, S. 38

Abbildung 5: Wirtschaftswachstum versus Schuldenwachstum, S. 39

Abbildung 6: Wachstum der Beschäftigung, S. 40

Abbildung 7: Wachstum Steuereinnahmen, S. 41

Abbildung 8: Verschuldung Privathaushalte, S. 42

Abbildung 9: Entwicklung der Geburtenrate, S. 43

Abbildung 10: Zahl der Erwerbstätigen im Verhältnis zur Zahl der Rentner, S. 44

Abbildung 11: Die Folgen des demographischen Wandels, S. 45

Abbildung 12: Autokredite, S. 47

Abbildung 13: Autokredit-Volumen auf Rekordhoch, S. 48

Abbildung 14: Nachfrage nach Gebrauchtwagen, S. 49

Abbildung 15: Das Volumen der US-Studienkredite, S. 50

Abbildung 16: Kreditwachstum bei gewerblichen Immobilien, S. 51

Abbildung 17: Ladenschließungen im Einzelhandel, S. 52

Abbildung 18: Kreditvolumen Geschäftsbanken, S. 56

Abbildung 19: S&P 500-Entwicklung versus Industrieproduktion, S. 57

Abbildung 20: Kapitalgüteraufträge zur Entwicklung des Aktienmarktes, S. 57

Abbildung 21: S&P 500-Performance während des Quantitative Easing (QE), S. 58

Abbildung 22: Gelddruckmanie der Zentralbanken, S. 59

Abbildung 23: Zentralbank-Schulden, S. 62

Abbildung 24: Shiller-KGV für den S&P 500, S. 63

Abbildung 25: Dividendenrendite beim S&P 500, S. 64

Abbildung 26: Russell 2000, S. 65

Abbildung 27: Entwicklung der FANG- im Vergleich zu sonstigen Aktien, S. 66

Abbildung 28: Buffett-Indikator, S. 67

Abbildung 29: Q-Ratio, S. 68

Abbildung 30: Unternehmensbilanzen versus S&P 500, S. 69

Abbildung 31: LEI-Index, S. 70

Abbildung 32: Historie des LEI-Index, S. 71

Abbildung 33: Wolkenkratzer-Index, S. 72

Abbildung 34: Durchschnitt der vier Bewertungs-Indikatoren, S. 73

Abbildung 35: S&P 500 versus zehnjährige US-Staatsanleihen, S. 77

Abbildung 36: Zeitliche Verteilung von Bullenmärkten, S. 81

Abbildung 37: Zeitliche Dauer von Bullenmärkten, S. 82

Abbildung 38: Bullenmärkte in der Vergangenheit, S. 84

Abbildung 39: F.A.Z.-Index, S. 100

Abbildung 40: Euro STOXX 50, S. 101

Abbildung 41: MDAX langfristig, S. 102

Abbildung 42: MDAX kurzfristig, S. 103

Abbildung 43: DAX versus Euro STOXX Banks, S. 104

Abbildungsverzeichnis

Abbildung 44: DAX versus Euro STOXX Auto, S. 105

Abbildung 45: DAX versus Daimler, S. 106

Abbildung 46: High-Yield Spreads versus Volatilität, S. 109

Abbildung 47: US Economic Policy Uncertainty Index versus Volatilität S&P 500, S. 110

Abbildung 48: Goldpreisentwicklung, S. 116

Abbildung 49: Gold-Silber-Ratio, S. 117

Abbildung 50: Staatsverschuldung im Verhältnis zum BIP, S. 120

Abbildung 51: Preisentwicklung Orangensaft, S. 133

Abbildung 52: Preisentwicklung Weizen, S. 134

Abbildung 53: Preisentwicklung Mais, S. 135

Abbildung 54: Preisentwicklung Schwein, S. 136

Abbildung 55: Preisentwicklung Rind, S. 137

Abbildung 56: Preisentwicklung Kakao, S. 138

Abbildung 57: Exemplarische Watchlist long, S. 157

Abbildung 58: Exemplarische Watchlist short, S. 158

Abbildung 59: Exemplarisches Muster-Portfolio Long, S. 161

Abbildung 60: Exemplarisches Muster-Portfolio Short, S. 164

Abbildung 61: Entwicklung von CFDs bei einem Verlust des Basiswerts um 2 Prozent, S. 186

Widmung

Dieses Buch widme ich meiner weltlichen Mutter Maria, die mich gefördert und gefordert hat und in den dunkelsten Stunden meines Lebens wie eine Löwin für mich gekämpft hat.

Besonderer Dank gilt der Jesusmutter Maria, die meinem Leben Sinn gibt, mich führt, liebt und beschützt.

https://www.olmoms.org

http://www.thallion.de

http://www.florianhomm.org/deutsch.html

Vorwort

zur aktualisierten Auflage 2018

Irrationaler Überschwang (irrational exuberance)?

Was hat sich tatsächlich seit Anfang August 2017 getan, was die neuen Höchststände an den größten Aktienbörsen der Welt rechtfertigen würde?

Auf jeden Fall so viel, dass ein Update notwendig ist. In den USA wurden 2017 beim S&P 500 Aktienindex an 50 Handelstagen neue Höchststände erreicht. Verluste von mehr als 1 oder 2 Prozent sind eine Seltenheit geworden, und die Volatilität befindet sich auf einem 50-Jahres-Tief. Auch der DAX liegt über einem Indexwert von 13.000 Punkten. Das überrascht mich keineswegs und unterscheidet sich nicht wesentlich von anderen Börsen-Haussen, bevor sie einen herben Rückschlag erlitten. Ein kurzer Blick auf die Marktentwicklungen vor den Crashs seit 100 Jahren zeigt immer dasselbe Muster. Im Vorjahr eines jeden Crashs performen die Aktienmärkte überproportional gut. Das war 1928, 1986, 1999 und 2007 der Fall. Selbst vor ausgeprägten Korrekturen gab es immer eine deutliche Kurssteigerung. Wenn man den Durchschnitt der Crash-Vorjahres-Performance ermittelt, ergibt sich ein Wert von plus 24 Prozent. Seit Ende Oktober 2016 ist der S&P 500 um knapp 20 Prozent gestiegen. Das heißt zwar nicht, dass die Rallye zwangsläufig in Kürze zu Ende gehen muss, aber einige Faktoren sollten Sie trotzdem zum Denken anregen:

Der Bargeld-Bestand der Privatanleger ist auf dem niedrigsten Stand seit dem Crashjahr 2000. Währenddessen hält Warren Buffett, der erfolgreichste Investor der Neuzeit, die größten Bargeld-Bestände seiner 50-jährigen Karriere. Auch prozentual gesehen hatte Buffett nie mehr Cash in seinen Depots. Momentan stellt Bargeld mehr als 40 Prozent seines Anlagevolumens dar. Auch der enorm relevante Buffett-Indikator (Börsenwert US-Aktien / Wirtschaftsleistung USA, aktueller Wert 137 Prozent) befindet sich auf dem zweithöchsten Stand seit Beginn seiner Berechnung (1950). Nur einmal in den letzten 67 Jahren lag dieser Indikator (151 Prozent) noch höher, und das war kurz vor dem Dotcom-Crash Ende 1999.

In der jährlichen Befragung von Privat-Investoren (Michigan Consumer Survey) war eine Rekordzahl der Befragten der Meinung, dass aktuell der ideale Zeitpunkt sei, um in Aktien zu investieren. Ein solcher Höchststand wurde zuletzt wenige Monate vor dem Megacrash 2008/2009 erreicht. Ich frage mich, wo diese Investoren bei den Tiefständen im Jahr 2009 waren? Nachdem die Investoren einen Anstieg von 300 Prozent verpasst haben, soll jetzt der optimale Zeitpunkt zum Einstieg sein?

Ein derartiges Kaufverhalten lässt sich kaum mit einer der wichtigsten Börsenweisheiten in Verbindung bringen, nämlich mit dem Spruch, dass man dann kaufen soll, wenn das Blut in den Straßen fließt. Zur aktuellen Kaufwut ergänze ich ganz gerne, dass man mit dem Verkaufen anfangen sollte, wenn der Honig in den Straßen fließt. Und exakt in diesem Umfeld befinden wir uns ... noch. Auch der bekannte Greed Indicator (Gier-Indikator) befindet sich auf einem neuen Höchststand. Die führenden ökonomischen Frühindikatoren (Leading Economic Indicators) suggerieren eine exzellente Wirtschaftsdynamik. Das reizt natürlich die Masse der Kleinanleger, die immer erst dann investieren, wenn sie sich super wohl, positiv und sicher fühlen. Leider neigen beide Indikatoren auf einem hohen Niveau dazu, innerhalb eines Jahres eine negative Trendwende einzuläuten.

Vorwort

Bei *Schwab & Company*, dem mächtigen US-Discount-Broker, wurden seit 2007 nicht mehr so viele Neukunden gewonnen wie in diesem Jahr. Auch das Volumen der Margin Loans, sprich der Kredite zum Zweck des fremdfinanzierten Aktienkaufs, hat einen Rekordstand erreicht. Die Verschuldung der Haushalte ist nicht mehr weit von den Höchstständen des Jahres 2007 entfernt. Autokredite, Studentenkredite haben den damaligen Höchststand sogar schon längst übertroffen.

Der Amazon-Verdrängungseffekt führt dazu, dass viele große Einzelhändler, wie *Toys R Us*, pleitegehen. Die Pleitewelle im US-Einzelhandel ist dieses Jahr bereits größer als in der kleinen, aber brutalen Depression von 2008 und 2009. Die amerikanischen »Housing Starts«, die Erwerbszahlen zu privaten Immobilien, befinden sich auf einem Jahrestiefstand.

Warum die Märkte trotzdem steigen, ist für uns relativ klar. In der kleinen Depression 2008/2009 haben die globalen Zentralbanken circa 120 Milliarden US-Dollar pro Monat per Knopfdruck erzeugt. Aktuell liegt diese Ziffer bei etwas unter 200 Milliarden. Wo soll denn diese Liquidität hin, wenn sie schon nicht bei den kleinen Unternehmern oder Kreditnehmern ankommt? Selbstverständlich landet sie in Immobilien, Aktien und Anleihen, allesamt Anlageklassen von denen die Wohlhabenden, sprich Carry Trader, Hedgefonds-Manager und Mega-Reiche, überproportional profitieren. Die Inflation hat sich vom Konsum in den investiven Bereich verlagert. Das ist eindeutig auch bei den Immobilienpreisen in den deutschen Ballungszentren zu erkennen. Nur erkennen das die Zentralbanker nicht, ebenso wenig wie die Staatsökonomen, die systematisch Fake Economic Data verbreiten.

Aber genau beim Gelddrucken zeigen sich seit August die ersten Risse in der wunderbaren Geldvermehrung und Asset-Blase. Die US-Zentralbank wird bereits 2018 ihre überstrapazierte Bilanz (die Schulden liegen beim 77-Fachen des Eigenkapitals) abbauen, indem sie Anleihen verkauft. Das monatliche Volumen sollte sich in der zweiten Jahreshälfte 2018 auf 50 Milliarden US-Dollar belaufen. Auch die englische Zentralbank überlegt sich, ihre Bilanz zu verschlanken. Selbst der Ponzi-Gelddruck-Fantast Mario Draghi von der EZB will seine Anleihekäufe im Jahr 2018 halbieren. Die Japaner können gar nicht mehr mit dem Gelddrucken aufhören, ohne ihr Land in den Ruin zu treiben, und die Chinesen setzen ihre Gelddruckpresse ein, um marode Staatsunternehmen über Wasser zu halten. Nichtsdestotrotz wird sich das Gelddrucken in den nächsten Jahren deutlich verlangsamen. Das heißt: Dem Investment-Junkie wird das Heroin gekürzt. Und Junkies, die weniger Heroin bekommen, als sie gewohnt sind, werden bekanntlich aggressiv und unberechenbar.

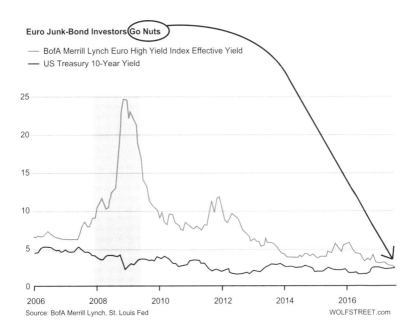

Die Verzerrungen dieser Gelddruck-Manie spiegeln sich nirgendwo mehr wider als bei europäischen Schrott-Anleihen (Junk Bonds). Deren Verzinsung liegt aufgrund der Anleihen-Aufkäufe durch die EZB bei 2,3 Prozent und damit unter den Zinsen, die zehnjährige US-Staatsanleihen erstklassiger Bonität abwerfen (2,46 Prozent). Deswegen heißt eine meiner Devisen: Europäische Junk Bonds and Europäische Junk-Bond-Fonds sind aktuell das Richtige, um short zu gehen! Die äquivalenten US-Junk-Bonds werfen circa 6,6 Prozent Zinsen ab, fette 4,3 Prozentpunkte mehr pro Jahr als ihre europäischen Geschwister. Und glauben Sie mir bitte eines: Europäische Junk Bonds sind in keiner Weise qualitativ besser als amerikanische.

Somit sind wir bei dem zweiten Faktor angelangt, der diese Börsenhausse bestens erklärt, nämlich die Rendite von Junk Bonds, vor allem im Verhältnis zu US-Staatsanleihen. Diese korrelieren zu deutlich mehr als 90 Prozent mit den Aktienmärkten. Fast genauso hoch ist die Korrelation des monatlich neuen gedruckten Geldes zur Börsenentwicklung.

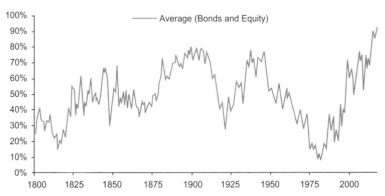

Source: Deutsche Bank, Global Financial Data, Bloomberg Finance LP

Wenn Sie das alles nicht tangiert, sollten Sie zumindest wahrnehmen, dass eine Mischbewertung von Aktien und Anleihen wirklich nichts Gutes erwarten lässt. Die Deutsche Bank und Bloomberg haben Anleihe- und Aktiendaten seit dem Jahr 1800 verglichen. In den vergangenen 217 Jahren waren diese beiden Anlage-Kategorien zusammen noch nie so teuer bewertet wie jetzt. Noch nie war die globale Verschuldung im Verhältnis zur Wirtschaftsleistung höher und noch nie waren die Zinsen niedriger.

In einem solchen Umfeld sind immer wieder aufkommende, positive Themen wie die Gesundheitsreform, die Ernennung eines neuen Wall-Street-freundlichen FED-Chefs und Steuerentlastungen in den USA aus empirischer Sicht nichts anderes als der sprichwörtliche Tropfen auf den heißen Stein. Denn die viel gelobte Buy-and-Hold-Strategie, ohne Portfolio-Absicherung, birgt nahezu fatale Risiken. Investoren vergessen allzu leicht: Anleger, die ihr Geld in NASDAQ, DAX oder Dow Jones investierten, brauchten nach dem Crash im Jahr 2000 circa 14 Jahre, um ihre alten Höchststände wiederzusehen. Wenn das System diesmal kollabiert, könnte auch eine japanische Sklerose eintreten, und diese bedeutet mittlerweile 27 Jahre negativer Performance. Der japanische Index Topix liegt heute noch 40 Prozent unter seinem Höchststand aus dem Jahr 1989. Auch demographische Faktoren sollten Sie nicht außer Acht lassen. Sie sollten wissen, dass circa 80 Prozent der Weltwirtschaftsleistung in Regionen erwirtschaftet wird, in denen circa drei Steuerzahler einen Rentner beziehungsweise Pflegefall finanzieren müssen. Das ist rein mathematisch unmöglich.

Ein weiterer, kaum verstandener, jedoch besorgniserregender längerfristiger Faktor ist die Digitalisierung von Arbeitsplätzen sowie die stetig zunehmende Nutzung von Robotern. Mit diesem Thema beschäftigt sich Florian Müller im nächsten Beitrag.

Insgesamt stehen Sie als Privatanleger vor acht wesentlichen Herausforderungen bei der Vermögensoptimierung:

1. globale Schuldenberge in noch nie dagewesenem Ausmaß
2. extreme Überbewertung, Fake Data und liberale Rechnungslegung, die auf einer nie zuvor gekannten Zins- und Geldmengen-Manipulationen beruhen
3. negative demographische Effekte in Amerika, Europa, China, Japan und Korea
4. minimale Zinsen beziehungsweise Negativzinsen – ein Allzeittief
5. Markt-Volatilität, die Schwankungen sind auf dem tiefsten Stand seit 50 Jahren
6. zunehmende finanzielle Repression
7. sehr viel »Fake Data« und »Misleading Data«
8. Digitalisierung, Industrie 4.0, Robotertechnologie; disruptiver Technologie-Wandel / digitale Revolution

Die positiven Mikro-Faktoren sind Ihnen sicherlich bekannt. Ernstzunehmende positive Faktoren sind etwa folgende:

1. steigende Rohstoff- und Metallpreise, die ein freundliches Umfeld suggerieren
2. steigende Unternehmensgewinne
3. die Ernennung eines Wall-Street-freundlich gesinnten neuen Chefs der US-Notenbank
4. niedrigere Steuern in den USA, sowie die Repatriierung von Bargut- und Investment-Guthaben
5. moderate Inflation und wenig Druck durch steigende Zinsen

Jeder Investor sollte sich dieser Chancen und Risiken bewusst sein und nach gründlicher Prüfung überlegen, wie er sein Vermögen aufstellt.

Wenn Sie wirklich in diesem Umfeld ohne Absicherung long sein wollen, dann achten Sie möglichst auf ihre versicherungsmathematische Lebenserwartung. Ich stehe zu meiner Meinung: Bis Ende 2019 rechne ich mit einem Crash oder dem Beginn einer japanischen Sklerose. Aber jetzt ausschließlich auf kurzfristig fallende Kurse zu setzen, finde ich ebenfalls nicht angebracht. Es geht darum, bei den Long-Investments noch vertretbar günstig bewertete Perlen zu finden und bei überteuertem Schrott auf eine Baisse zu spekulieren. Bei einer solchen Strategie ist die Marktentwicklung weniger entscheidend als die Einzelinvestments, und das ermöglicht eine weniger marktzyklische Portfolio-Optimierung.

Das letzte Thema, das noch gesondert angesprochen werden muss, ist der paradigmenwechselnde Trend zur Digitalisierung, zur Robotik, zum Outsourcing, zur Industrie 4.0 und zum Amazon-Verdrängungseffekt.

Wir sind nicht mehr ganz am Anfang einer digitalen Revolution, die in den nächsten zehn Jahren jeden fünften Arbeitsplatz gefährden könnte. Wenn der ehemalige CEO der Citibank und der amtierende Verwaltungsratsvorsitzende der UBS davon ausgehen, dass circa 30 Prozent der Jobs im Banking durch IT-Lösungen ersetzt werden könnten, hätte dies sicherlich massive Auswirkungen. Selbst Goldman Sachs hat vor einem Jahr in New York 590 Trader entlassen. Heute werden die Entscheidungen digital gefällt und abgewickelt. In diesem Umfeld muss ein Investor die richtigen Fragen stellen. Würden durch solche Maßnahmen nicht die Gewinne der Banken steigen? Und was könnte das Ausscheiden Tausender von Mitarbeitern für die Immobilienpreise in den großen Finanzzentren bedeuten?

Auch in der Automobil-Herstellung schreitet die Industrie 4.0 in Windeseile voran. Das Electric Vehicle von morgen benötigt nur noch 25 Komponenten im Gegensatz zum klassischen Fahrzeug mit Verbrennungsmotor, das 150 Komponenten benutzt. Wenn diese Entwicklung sich auf den Arbeitsmarkt niederschlägt, welche Hersteller und Zulieferer werden davon profitieren, und welche werden darunter leiden?

Im Einzelhandel wäre es schon heute möglich, Läden fast ohne Personal zu führen. Warum sollte denn noch jemand an der Kasse stehen, wenn alles über Barcodes, hochmoderne Logistik und eingebaute Sicherheitssysteme abgewickelt und kontrolliert werden kann? Welche Unternehmen sind führend bei diesem Technologiewandel? Was wird aus personalintensiveren, weniger internetorientierten Einzelhandelsketten, die in Masse bereits in den USA pleitegehen? An diesen Arbeitgebern hängt in den USA jeder fünfte Arbeitsplatz.

Auch im klassischen Vertrieb geht der Trend immer mehr zu Online-Plattformen. Der Markt ist viel transparenter geworden, und die Kunden informieren sich im Internet, bevor sie sich selbst für einen Kauf entscheiden. Warum soll jemand außerdem noch hohe Marketing-, Beratungs- und Vertriebskosten bei Lebensversicherungen zahlen, wenn diese bei vielen online erhältlichen Alternativen entfallen?

Wir befinden uns jetzt schon in einer technologischen Revolution, die unsere Politiker kaum verstanden haben. Insgesamt wird die Digitale Revolution unsere bisherige Welt und Wahrnehmung grundlegend verändern. Intuitiv vermute ich, dass es sich hier nicht nur um eine gutartige, sondern zum Teil auch um eine bedrohliche Transformation handelt.

Als Anleger sollten Sie versuchen, diese Trends zu verstehen und für sich und Ihr Umfeld das Beste daraus zu machen. Auch bei Immobilien oder Investments sollten Sie sich dieser Thematik nicht analytisch entziehen, obwohl die digitale Revolution heute bestenfalls nur in den Köpfen mancher Anleger schlummert. Ich wünsche Ihnen bei den kommenden Herausforderungen viel Erfolg!

Da ich kein Freund von überzogenen akademischen und theoretischen Abhandlungen bin, beschäftige ich mich intensiv mit Anlagealternativen. Denn zu kritisieren und zu analysieren ist relativ einfach, wesentlich schwerer ist es dagegen, Alternativen und Lösungen aufzuzeigen. In den nächsten Jahren geht es darum, einen krisenfesten Anlagestil zu entwickeln, der in Baisse und Hausse reüssieren sollte. Deswegen habe ich meinen Absolute-Return-Börsenbrief lanciert:

www.florianhommlongshort.de

Wer sich weiterbilden will, sollte sich zumindest ein Grundwissen aneignen. Deswegen habe ich die Investment Master Society gegründet:

www.investmentmastersociety.com

Wem das alles zu zeitaufwendig ist, rate ich, zumindest die Webseite der Plutos Vermögensverwaltung AG zu besuchen:

www.plutos.de

Ich beliefere auf exklusiver Basis die Plutos AG Fonds, mit meinem Research. Die Plutos Vermögensverwaltung AG verfügt über mindestens einen Fonds, der sich auf Long-und-Short-Investing fokussiert. Der Ausgabeaufschlag liegt bei den meisten Banken und Brokern bei einem Prozent. Das ist vertretbar, meine ich.

Mit besten Grüßen
Ihr
Florian Homm
23. Oktober 2017

Einleitung

Liebe Leserin, lieber Leser,

Sie haben eine reelle Chance, die kommende Krise zu überstehen, und könnten daraus sogar als Sieger hervorgehen. Dabei geht es im Wesentlichen darum, den Schalter in Ihrem Kopf umzulegen und das kommende Wirtschafts- und Finanzdebakel als positive Herausforderung zu betrachten. Sie dürfen nicht das Opfer von Zentralbank-Manipulationen, von Machenschaften des Geldadels und verfälschten Wirtschaftsdaten werden. Es geht nicht nur um Ihre Existenz und Ihr Vermögen, sondern auch um den Erhalt Ihrer wirtschaftlichen Bewegungsfreiheit. Ein Crash kann nämlich auch ein Szenario darstellen, aus dem Sie wirtschaftlich gestärkt hervorgehen. Ich selbst habe viel Geld in fallenden Märkten erwirtschaftet. Lassen Sie sich also nicht von externen Faktoren vorschreiben, wann Sie Erfolg haben dürfen und wann nicht. Bereiten Sie sich auf gute wie auch auf schlechte Zeiten optimal vor, dann kann Sie niemand von Ihrem Erfolg abbringen.

Seit der Veröffentlichung meines Buches *Endspiel* bekam ich über 1000 E-Mails mit relativ konkreten Fragen zu Anlagealternativen und Investmentideen. Es war schier unmöglich, all diese Fragen individuell zu beantworten. Drei zentrale Fragen schälten sich jedoch heraus:

– Wie kann ich mein Vermögen in der Krise schützen?
– Wie kann ich von der Krise profitieren?
– Welche Investments sollte ich tätigen und welche unterlassen?

Erfolg im Crash ist somit anders aufgebaut als *Endspiel*. Bei *Erfolg im Crash* werden Anlageideen und Konzepte wesentlich konkreter dargestellt; die verschiedenen Anlagetools werden detaillierter präsentiert. Damit dieses Buch Ihnen wirklich bei der bevorstehenden Krise hilft, muss es zeitnah erscheinen. Jedoch lässt sich nicht ausschließen, dass die nächste Krise erst 2019 oder 2020 kommt. Nichtsdestotrotz müssen Sie jetzt anfangen, Ihre Investments neu zu positionieren, denn der Markt wartet nicht, bis Sie sich dazu entschlossen haben. Selbst wenn Sie hauptsächlich long investiert sein wollen, können Sie es sich kaum erlauben, ohne Absicherungen in die kommende, turbulente Phase zu gehen. Es wäre sonst fast so, als würden Sie in einem Porsche mit 200 km/h auf der Autobahn fahren, ohne einen Sicherheitsgurt angelegt zu haben. Dieses Buch hilft Ihnen also nicht nur dann, wenn Sie maximal von der kommenden Krise profitieren wollen, sondern auch dann, wenn Sie eine grundsätzlich positivere Sicht der Dinge haben und bloß Ihr Portfolio absichern wollen. Oft empfehle ich, sich anzuschauen, wie sich das sogenannte Smart Money positioniert. Investoren wie beispielsweise Jim Rogers oder George Soros sind die Meister dieses Spiels. Sie geben mit ihren Trades kostenlose und wertvolle Hinweise darauf, wie sie die aktuelle Situation einschätzen. Und glauben Sie mir: Auch sie sichern ihre Portfolios ab – oder wie der brillante Analytiker und Hedgefonds-Manager Nassim Taleb sagt: »Wer jetzt noch am Aktienmarkt investiert, ohne seine Exposure abzusichern, ist lebensmüde.«

Wie in meinem Buch *Endspiel* gehe ich nach wie vor von zwei negativen Szenarien aus:

- Szenario 1: Ein Crash wird sich bis Ende 2019 ereignen.
- Szenario 2: Die Wirtschaft wird bei langfristig fallenden Kursen stagnieren oder schrumpfen, wie das in Japan seit einem Vierteljahrhundert der Fall ist.

Diejenigen, die sich an meinen Empfehlungen im Buch *Endspiel* orientiert haben, sollten sich glücklich schätzen. Der Goldpreis ist seit der Veröffentlichung des Buchs um circa 30 Prozent gestiegen, die Aktien großer Goldminen-Gesellschaften um 70 Prozent und die der kleineren um circa 100 Prozent (Small Gold Miners). Der Wert der indischen Währung Rupie hat im Vergleich zum Euro circa 15 Prozent gewonnen. In dieser Zahl enthalten sind Zinseinnahmen von circa 8 Prozent auf indische Staatsanleihen. Der DAX hat wie erwartet ein neues Hoch erreicht. Die Entwicklung des japanischen Yen ist zwar relativ konstant zum US-Dollar verlaufen, dennoch setze ich nach wie vor mittel- und langfristig auf eine extreme Schwäche des Yens.

Jetzt ist der richtige Zeitpunkt, um auf eine Total-Return-Strategie umzustellen. Total-Return bezeichnet einen Ansatz, bei dem ein Investor möglichst auf eine absolut positive Rendite abzielt und selbst in schwierigen Phasen mindestens das investierte Kapital erhält. Die aktuelle Erholung der Wirtschaft nimmt im Hinblick auf ihre Dauer seit 120 Jahren Platz drei ein. Aber sie ist bei weitem die schwächste Erholung im Vergleich zu allen anderen Erholungsphasen in dieser Zeit. Die Verschuldung der Zentralbanken entspricht mittlerweile 40 Prozent der Weltwirtschaftsleistung, eine verheerende Zahl. Schließlich ging Argentinien bereits bei nur 50 Prozent Staatsverschuldung gegenüber seiner Wirtschaftsleistung pleite. Die Konjunktur im Automobilsektor ist schwach, im amerikanischen Einzelhandel kriselt es, bei nordamerikanischen Banken gibt es immer mehr faule Kredite bei minimaler Risikovorsorge, und das Kreditwachstum bricht auf globaler Ebene ein. In Kürze könnte die US-Regierung zahlungsunfähig sein.

Es gibt Fragen, die kaum ein anderes Buch in deutscher Sprache beantwortet:

- Mit welchen Anlage- und Investment-Strategien sollte ich arbeiten, um in einer Krise (oder vielleicht ihretwegen) mein Vermögen zu halten oder sogar zu vermehren?
- Wie sieht das richtige »Timing« aus?
- Wenn ich weiter auf Aktien setzen will, wie kann ich mich am besten gegen große Verluste absichern?
- Wenn ich von einer negativen Marktentwicklung ausgehe, welche Aktien und Sektoren werden am meisten fallen?
- Wenn ich weder eine optimistische noch eine pessimistische Marktmeinung habe, wie kann ich trotzdem attraktive Renditen erwirtschaften?

Ich hoffe, dass ich Ihnen diese entscheidenden Fragen beantworten und Ihnen konkrete Hinweise liefern kann, die Ihnen in diesem schwierigen und hochriskanten Umfeld den entscheidenden Input für ihre Vermögensbildung geben. Finden Sie sich nicht ab mit dem Motto: »Hauptsache weniger verlieren als die anderen«, sondern kümmern Sie sich aktiv um Vermögensaufbau und Absicherung. Dies erfordert natürlich auch, dass Sie sich stetig weiterbilden und das Gelernte umsetzen. Es ist der zentrale Anspruch dieses Buchs, Ihnen die nötige Hilfe hierfür zu geben.

Wichtig ist mir, konkrete Anlage-Strategien zu liefern und keine endlosen Weltverbesserungs-Arien zu singen. Auch liegt mir nicht daran, makroökonomische Lösungen für unfähige Politiker zu erarbeiten.

Deswegen ist die vorliegende Publikation *Erfolg im Crash* in drei Teile gegliedert:

1. Analyse
2. Investment-Strategien
3. Anlageideen

Einleitung

Ich versuche, mich durch konkrete Anlageideen von der Masse der »Krisenautoren« zu unterscheiden. Was würde es schon einem Sparer, Angestellten, Unternehmer, Studenten, Auszubildenden, Erben oder Rentner helfen, wenn ich komplexe geopolitische Lösungen präsentieren würde? Akademisch und intellektuell wäre das sicherlich in Ordnung, aber ohne Praxisbezug doch recht nutzlos. Als Investor brauchen Sie heute konkrete Anlage-Strategien.

Analyse

Was hat sich seit meinem Buch *Endspiel* verändert und sind diese Veränderungen überhaupt relevant?

Seit dem Erscheinen von *Endspiel* vor circa 18 Monaten haben der DAX (+39 Prozent), der Stoxx Europe 600 (+21 Prozent), der S&P 500 Aktienindex (+29 Prozent) und der NASDAQ (+39 Prozent) deutlich zugelegt.

Angesichts dieser Wertentwicklung entsteht der Eindruck, ich hätte statt der Publikation *Endspiel* lieber ein *Kauft-aus-allen-Rohren*-Buch abliefern sollen! Das stimmt vielleicht sogar. Ich halte allerdings an meiner These fest, dass es zwischen 2017 und Ende 2019 zu einem Crash kommen wird oder zu einer sklerotischen wirtschaftlichen Entwicklung, wie dies in Japan seit circa einem Vierteljahrhundert mit horrender Börsen-Performance der Fall ist. Ich behauptete auch, dass wir erst einmal ein neues Hoch im DAX erleben müssen, bevor die Krise beginnt. Positiv stimmt mich, dass Gold eine noch bessere Rendite gebracht hat als die diversen Aktienindizes. An meiner Gesamt-Einschätzung hat sich soweit nichts verändert. Im Gegenteil, die Fallhöhe ist nur noch gestiegen.

Die aktuelle Wirtschaftsexpansion dauert bereits 98 Monate an, der historische Durchschnitt liegt bei 50 Monaten. Wirtschaftsanalysen zeigen eindeutig, dass sich die aktuelle Wachstumsphase in den nächsten Monaten als die zweitlängste Wirtschaftsexpansion der US-Geschichte herausstellen wird. Die längste Phase von fast 120 Monaten (1990 bis 2000) zeichnete sich ebenfalls aus durch eine künstlich verhaltene Zinspolitik und eine viel zu lockere Geldpolitik durch Alan Greenspan, den damaligen Chef der Federal Reserve Bank. Ganz einfach gesagt: Manipulierte Aufwärtsphasen halten sich in der Regel länger als normale Zyklen, aber auch sie finden immer ein jähes Ende (Crash 1929, 2000 bis 2002 und 2007 bis 2009). Mir war das bereits beim Schreiben der Publikation *Endspiel* bewusst. Von einem Faktor bin ich absolut überzeugt: Der kommende Crash wird brutaler als der letzte, und er wird wesentlich länger dauern.

Auch die Wahl Donald Trumps zum US-Präsidenten habe ich in *Endspiel* als wahrscheinlich dargestellt, obwohl dies die Mehrzahl der Leser als verrückt empfand. Donald Trump war Ende 2015 (*Endspiel* wurde zwar am 15.02.2016 veröffentlicht, der Redaktionsschluss war jedoch bereits im Oktober 2015) bestenfalls ein krasser Außenseiter bei der Bewerbung um das Präsidentenamt. Die Bevölkerung der USA scheint sich nicht mehr mit dem politischen Establishment zu identifizieren. Die Person Donald Trump bleibt weiterhin höchst umstritten. Doch war der Ausgang dieser Wahl wohl in erster Line der Vernachlässigung und dem Ausbluten breiter Wählerschichten geschuldet. Trump und sein Team setzten im Gegensatz zu Hillary Clinton, der Kandidatin des Establishments, im Wahlkampf die »kostenlosen« neuen Medien (zum Beispiel Twitter) ein und verpulverten nicht sinnlos Milliarden für herkömmliche Wahlkampfkampagnen.

Es hat mich zunächst verblüfft, dass die Börsen unter Trump nochmals massiv Schwung bekamen. Trump outete sich dann aber als Busenfreund der Wall Street, der Federal Reserve Bank, der neokonservativen interventionistischen Imperialisten und des Geldadels. Er wollte nun doch nicht mehr der große Reformer und Freund der armen Weißen sein. Bei dieser Wahl war keiner der beiden Kandidaten wünschenswert. Die Trump-Regierung ist besetzt mit Milliardären sowie sechs ehemaligen Mitarbeitern der US-Investmentbank Goldman Sachs. Trump mutierte vom erwarteten disruptiven schwarzen Schwan (Bedrohung für das System) zum gefälligen Werkzeug der politischen, militärischen und wirtschaftlichen Elite der USA. In vielerlei Hinsicht hat Trump gelogen und seine Wahlversprechen auf den Kopf gestellt. Von diesem Mann können wir dennoch einiges lernen: Wer gewinnen will, sollte mit intelligenten Analysesystemen (Cambridge Analytics) arbeiten und wie Robert Mercer (Renaissance Technology) die Unterstützung von brillanten »Quant-Brains« nutzen. Außerdem scheint es hilfreich zu sein, sowohl im Wahlkampf als auch im Amt zu lügen, was das Zeug hält (Fake Facts und nicht nur Fake News).

Noch etwas hat sich verändert. Die Gelddruck-Manie der Europäischen Zentralbank, der Bank of England, der Bank of China und der Bank of Japan, die zusammen jedes Jahr circa zwei Billionen Euro aus dem Nichts erschaffen, hat sogar noch an Fahrt gewonnen. Dieses Vorgehen treibt die Kurse künstlich nach oben, sodass sich die Preise für viele Wertpapiere von ihrem intrinsischen Wert abgekoppelt haben. Eine objektive und realistische Preisfindung ist somit zeitweise außer Kraft gesetzt. Argentinien hat eine 100-jährige Anleihe mit einer Verzinsung von 7,9 Prozent aufgelegt.[1] Dieses Land war bereits sechsmal pleite, zuletzt 2014.

Mittlerweile sehen die Bilanzen der Zentralbanken ausnahmslos wesentlich schlechter aus als die der Lehman Brothers Bank vor dem großen Crash. Der durchschnittliche Hebel liegt bei 7000 Prozent. Einfacher gesagt, bedeutet dies: Die Kredite sind 70-mal größer als

---

[1]   Quelle: http://wolfstreet.com/2017/06/20/argentina-sells-100-year-dollar-denominated-junk-bonds/

das Eigenkapital. Bei einem Faktor von zehn ist bereits erhebliche Vorsicht geboten! Lehman Brothers lag 2007 bei einem Faktor von 33. Diese Bilanzperversion ist mittlerweile so ausgeufert, dass am Ende dieses Jahres allein die Verschuldung der Zentralbanken 40 Prozent der gesamten Weltwirtschaftsleistung ausmacht!

Wir lesen in den Medien viel zu wenig über den sogenannten Crowding-out-Effekt bei wachsenden Schulden und über die verheerenden volkswirtschaftlichen Konsequenzen von ZIRP und QE (Zero Interest Rate Policy und Quantitative Easing, also Nullzinspolitik und expansive Geldpolitik). Durch diese Maßnahmen wird der Sparer enteignet und der »Carry-Trade-Spekulant« belohnt. Zum Carry Trade später mehr. Zudem verliert ein Bürger oder ein Unternehmen durch ein großes Schuldenkorsett enorm an Dynamik und Bewegungsspielraum. All dies schadet auch dem gesellschaftlichen Fundament und pervertiert die Werteskala. Markus Krall weist in seinem Buch *Der Draghi-Crash* auf einen ganz anderen Faktor hin, der mittelfristig mindestens genauso wichtig sein könnte. Durch die Nullzinspolitik werden marode Unternehmen ohne wirkliche Daseins-Berechtigung künstlich am Leben gehalten. Diese Unternehmen werden in einer Krise »en masse« pleitegehen und, wie Krall errechnete, zu drei bis fünf Millionen zusätzlichen Arbeitslosen führen. Es gehen ohnehin weltweit schon etliche Einzelhändler durch die Konkurrenz der Onlinehändler wie Amazon, Alibaba und Zalando pleite. Denjenigen, die sich noch mit Fundamentaldaten beschäftigen, sollte auffallen, dass die nicht EU-konforme Bankenrettung in Italien allein in den letzten acht Monaten über 30 Milliarden Euro an Steuergeldern gekostet hat. In Deutschland schwebt das HSH-Nordbank-Debakel wie ein Damoklesschwert über den Sparkassen.

Die Nullzinspolitik und die Gelddruckpolitik bringen fast nichts mehr. Die aktuelle Wirtschaftsexpansion ist die schwächste seit 200 Jahren. Die USA wachsen kaum noch, und das Kreditvolumen ist mittlerweile fast überall in den wesentlichen Wirtschaftsregionen rückläufig. Die US-Wirtschaft wächst derzeit, real gemessen, um weniger als 1 Prozent. Die Verschuldung Chinas nimmt groteske Formen an. Konsolidiert sind die Schulden der Chinesen im Verhältnis zur Wirtschaftsleistung bald fast doppelt so hoch wie die der Griechen. Auch im Automobilbereich sind Ermüdungserscheinungen und ein Preisverfall erkennbar. Wie lange das noch gut geht, kann ich nicht exakt sagen, aber die ständige Aufwärtsbewegung an den Börsen erscheint mir mittlerweile sehr müde und fragil. Es ist Zeit zum Handeln. Mit monatlich 200 Milliarden an neuem Geld, das aus dem Nichts entstanden ist, werden zwar die Märkte und die Weltwirtschaft weiter hochgehalten, doch sind die Schwächen im System immer leichter zu erkennen. Das war in den großen Crash-Phasen

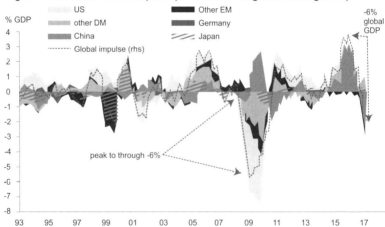

Abbildung 1: The Global Credit Impulse[2]

---

[2] Quelle: http://www.zerohedge.com/sites/default/files/images/user5/imageroot/2017/06/04/credit%20impulse%20update%206.12_0.jpg

Analyse

1929 bis 1947, 1966 bis 1982, 1987 bis 1988, 2000 bis 2002 und 2008 bis 2009 noch nie anders. Investoren sind oft träge und behaupten, die derzeitigen Zins- und Geldmengen-Manipulationen seien normal und würden ewig funktionieren. Dass das System zunehmend lädiert ist, müsste jedoch jedem kritischen Beobachter auffallen. Ich veröffentliche die vorliegende Publikation *Erfolg im Crash* genau zu diesem Zeitpunkt, weil die kommende Krise ebenso wie die japanische Sklerose dem mündigen Investor außerordentlich attraktive Verdienstchancen bieten sollte.

Eindeutig lässt sich in Abbildung 1 erkennen: Das Kreditvolumen ist weltweit trotz massiven Gelddruckens stark rückläufig. Hoch verschuldete Haushalte, Firmen, Länder und Zentralbanken können kaum noch mit weiteren Krediten ihre Bilanz ausweiten, und viele wollen das auch nicht mehr.

In Europa haben sich die Börsen trotz dieser Entwicklungen gut bis sehr gut entwickelt. Die de facto-Pleiten der ehemaligen Großbanken Banco Popular, Banca Monte dei Paschi di Siena, Banca Popolare di Vicenza und Veneto Banca hatten keinerlei Einfluss auf das Börsengeschehen. Das liegt vielleicht daran, dass die Börsenwerte europäischer Unternehmen immer noch deutlich unter denen der amerikanischen Unternehmen liegen. Aber eigentlich sind die massiven Finanzspritzen der Zentralbanken die einzig überzeugende Erklärung dafür, warum die Märkte trotz wenig überzeugender Realwirtschaft derzeit noch brummen. Die Finanzwelt investiert aufgrund niedrigerer Bewertungen im Vergleich zu den USA weiter in Europa, dieser Trend könnte auch noch etwas länger anhalten.

Bei einer genaueren Betrachtung ist es offensichtlich, dass der Markt müde geworden ist. Börsen korrelieren typischerweise zu beinahe 100 Prozent mit der Industrieproduktion, den Kapitalgüteraufträgen und den Unternehmensgewinnen. Alle drei Größen haben sich mittlerweile massiv von den Aktienkursen entfernt. Wie ist das überhaupt möglich? Diese Faktoren haben höchste historische und empirische Relevanz. Was einmal war, gilt einfach nicht mehr. Der einzige wesentliche Faktor, der heute die Börsen-Hausse erklärt, ist das globale Wachstum der Geldmenge. Sobald die Geldpumpe gefährdet ist oder der Verbraucher das Vertrauen in die Allmacht der Zentralbanken verliert, ist das Spiel vorbei. In Abbildung 2 sehen Sie, wie sehr sich der Standard & Poor's 500 (S&P 500) seit Anfang 2015 von der Industrieproduktion abgekoppelt hat.

Abbildung 2: S&P 500 versus Industrial Production[3]

Auf der Unternehmensebene stachen vor allem die FANG-Aktien (Facebook, Amazon, Netflix und Google) plus Apple und Microsoft hervor. Sie haben innerhalb eines Jahres einen durchschnittlichen Return von 41,5 Prozent erzielt. Bemerkenswerterweise gibt es anscheinend eine hohe Nachfrage nach diesen sechs Werten, während sich der Rest der Unternehmen mit sinkenden Kursen bereits in einer Korrekturphase befindet. Elon Musk und andere Großinvestoren

---

[3] Quelle: http://www.zerohedge.com/sites/default/files/images/user3303/imageroot/2017/04/17/20170418_IP1_0.jpg

werden derzeit von ihren Anlegern mit etlichen Millionen ausgestattet, und es wirkt dabei fast so, als wäre es vollkommen egal, wie viel Geld sie mit den Projekten ihrer Unternehmen verbrennen. Einzig ihre futuristischen Ideen reichen aus, um einen Hype zu erzeugen, der seinesgleichen sucht. Können Sie sich noch an die Dotcom-Blase erinnern? Erkennen Sie die Parallelen? Damals waren die CIMA-Aktien (Cisco, Intel, Microsoft und America Online) auf ähnlichen Höhenflügen, bevor sie nach einem jähen Absturz auf dem Boden der Tatsachen aufprallten. Gerade wenn Unternehmen scheinbar unaufhaltsam gen Himmel streben, ist ein regelmäßiger Realitätscheck unabdingbar. Die sehr hohen Kurs-Gewinn-Verhältnisse (KGVs) spiegeln die aktuelle Attraktivität dieser Unternehmen wider, lassen allerdings auch extrem viel Spielraum für Kursbewegungen nach unten. Auch die Performances der einzelnen Indizes können trügerisch sein. Die FANG-Werte machen schließlich einen erheblichen Anteil an der Gesamtperformance des S&P 500 und des NASDAQ aus. Tatsächlich wäre die Performance der beiden Indizes ohne diese sechs Börsen-Superstars gesunken! Der Gesamtmarkt leidet bereits, und nur eine Handvoll Unternehmenswerte halten die Indizes hoch. Der Börse fehlt es an Tiefe und Breite. Das ist ein Zeichen dafür, dass sie bereits angeschlagen ist, obwohl die Indizes insgesamt noch gut laufen. Diese Momentaufnahme beweist einmal mehr, wie das Wirtschaftssystem ad absurdum geführt wird. Die Frage lautet nicht, *ob*, sondern *wann* es eine Korrektur an den Märkten geben wird und wann sich die Kurse wieder an der Realwirtschaft orientieren. In Abbildung 3 können Sie sehen, dass sich die FANG-Aktien seit November letzten Jahres deutlich vom Rest abgekoppelt haben.

Noch interessanter ist die nahezu perfekte Korrelation zwischen dem US-Aktienindex S&P 500 (die rote Linie) und den ständig wachsenden Bilanzen der großen, westlich orientierten G3-Zentralbanken, namentlich der Federal Reserve, der Bank of Japan und der EZB (die blaue Linie). Die rote Linie zeigt die Performance des S&P 500 ohne die FANG-Aktien. Die Kurstreiber des S&P 500, des größten Aktienindex der Welt, sind lediglich vier Einzelwerte und die wundersame Geldvermehrung der Zentralbanken. Wie gesund ist das, und wie lange kann so ein Trend anhalten?

Abbildung 3: G3-Zentralbank-Bilanzen versus FANG versus NON-FANG[4]

Wir befinden uns im Zeitalter der disruptiven Trends. Neue Ansätze und Technologien verdrängen oder zerstören das Alte und das weniger Relevante. Zum Beispiel Tesla: Der Hersteller von Elektroautos wird mittlerweile an der Börse viel höher bewertet als General Motors, Fiat Chrysler oder Ford – und das trotz massiver Verluste. Die großen deutschen Auto-Hersteller kommen seit Monaten trotz hoher Gewinne nicht mehr in Gang und verlieren relativ zum DAX extrem an Wert. Auch hier sind disruptive Trends und ein verändertes Käuferverhalten durch die Sharing Economy deutlich zu erkennen. Ich beobachte auch weitere Trends im Konsumverhalten, bei denen das Teilen und die gemeinschaftliche Nutzung von Produkten im Vorder-

---

[4] Quelle: http://www.zerohedge.com/sites/default/files/images/user3303/imageroot/2017/06/07/20170608_fang_0.jpg

grund stehen und nicht mehr der alleinige materielle Besitz. Hieraus lässt sich unter anderem der bisherige Erfolg von Carsharing, Spotify, Netflix, Airbnb und Uber ableiten.

Aber all dies ist nicht neu. Einige wenige Unternehmen werden sich durchsetzen und andere werden von der Bildfläche verschwinden oder zumindest massiv an Wert verlieren. Cisco, Intel, Microsoft und America Online (CIMA) waren Anfang 2000 das, was die FANG-Aktien heute sind. Cisco kam damals auf eine sensationelle Bewertung von 555 Milliarden US-Dollar. Heute liegt der Wert nur noch bei 158 Milliarden US-Dollar, obwohl sich die Gewinne des Unternehmens gut entwickelt haben. Der Börsenwert von Intel reduzierte sich trotz einer guten Unternehmensentwicklung von 509 Milliarden US-Dollar auf 165 Milliarden US-Dollar. Selbst Microsoft brauchte fast 14 Jahre, um seinen Kurszenit aus dem Jahr 2000 zu übertreffen. Der Wert von America Online (AOL) wurde Ende 1999 auf 222 Milliarden US-Dollar beziffert, doch das Unternehmen ist mittlerweile vom Kurszettel verschwunden. In der Fachsprache der Financiers nennt man das »De-Rating« und »Stock/Sector Rotation«. Einen ähnlichen Trend gab es bei den extrem beliebten Nifty-Fifty-Werten in den USA, die ab der Mitte der 70er-Jahre zum größten Teil brutal von der Börse abgestraft wurden. Als Nifty-Fifty-Werte wurden die populärsten 50 amerikanischen Blue-Chip-Aktien der 1960er- und 1970er-Jahre bezeichnet. Ich will Ihnen damit sagen, dass die Megawerte der aktuellen Börsen-Hausse keineswegs immun sind gegen massive Kursverluste. Bewertungen sind wichtig, obwohl das nach einer bald zehnjährigen Hausse leicht vergessen wird.

Im Gegensatz zu den FANG-Superstars ereignet sich im fast gesamten US-Einzelhandelssektor eine Pleite nach der anderen. Die Branche erlebt eine Welle von Ladenschließungen, die historisch ihresgleichen sucht. Ein 100.000 Quadratmeter großes Logistikzentrum kommt mit 25 Mitarbeitern aus, während ein vergleichbares Shopping-Center mehrere hundert Angestellte hat. Die automatisierten Lager- und Logistikprozesse von Amazon und Co. sorgen für einen Paradigmenwechsel in der Einzelhandels-Branche. Der Amazon-Effekt hat personelle Konsequenzen und offenbart sich bereits bei den amerikanischen Lohnsteuereinnahmen. Dieser Trend wird sich auch in Europa noch deutlich verschärfen, wo sich lokale Geschäfte schon jetzt kaum mehr behaupten können.

Unter den Indizes mit der besten Kursentwicklung ist der Russel 2000, der Aktienindex der kleinen US-Werte (+42 Prozent seit Veröffentlichung meiner Publikation *Endspiel*). Das Gleiche gilt auch mehr oder weniger für die deutschen Indizes TecDAX (größte Technologiewerte) und SDAX (Small-Cap-DAX, also Werte mit niedriger Marktkapitalisierung). In der Endphase jeder längeren Börsen-Hausse steigen die kleinen Werte am meisten. Das wird auch diesmal nicht anders sein.

Über Bewertungen werden wir noch ausführlich sprechen. Aber glauben Sie mir, die Ampeln stehen auf Rot. Die empirisch relevanten Bewertungskriterien verheißen nichts Gutes. Bestenfalls suggerieren solch hohe Bewertungen eine langanhaltende Seitwärtsbewegung an den Kapitalmärkten. In fast allen Fällen enden sehr hohe Marktbewertungen jedoch in einem Crash, welcher dann eine Regression zum Mittelwert der Aktien herbeiführt. Meistens zeigt sich im Crash eine Überreaktion des Marktes und man kann dann viele Unternehmen zu Schnäppchenpreisen erwerben, sofern man am Tiefpunkt noch das Geld dafür hat. Dazu mehr im folgenden Kapitel.

Auch außerhalb des Börsenkosmos hat sich viel getan. Der angekündigte Brexit, die andauernden Konflikte im Nahen und Mittleren Osten, die Machenschaften Nordkoreas und der Disput zwischen Russland und den USA sind nur einige Beispiele für das, was die Weltpolitik zurzeit beschäftigt. Nicht zu vergessen sind die etlichen

Analyse

Terrorattacken, die sich in den letzten Monaten noch einmal vermehrt und auch Europa nicht verschont haben. Die LKW-Attacke auf einem Berliner Weihnachtsmarkt und das Attentat auf ein Konzert in Manchester sind zwei Beispiele dafür, dass wir uns in einer Phase befinden, die wir gemeinschaftlich als nicht normal betrachten. Nicht nur technologische und wirtschaftliche Veränderungen beeinflussen immer mehr unseren Alltag, sondern auch der Umgang miteinander verändert sich. Eine sich aufspaltende und verunsicherte Gesellschaft wirkt in einer Wirtschaftskrise wie ein Brandbeschleuniger. Die Ereignisse finden mittlerweile mit einer ungeheuren Frequenz statt, sodass in kurzer Zeit viele Veränderungen hervorgerufen werden können. Die Anspannung ist spürbar. Nur eines stimmt wirklich: Politische Börsen haben kurze Beine, außer sie haben einen nachhaltig negativen Effekt auf die Wirtschaft und die Besitz- und Eigentumsverhältnisse. Das ist leider zunehmend der Fall. Die Mittelklasse schrumpft, die Reichen werden immer reicher, und der Anteil an Personen, die unter der Armutsgrenze leben, steigt ständig. Wir mutieren in der ersten Welt still und leise Jahr für Jahr mehr zu einer Gesellschaft, in der die Mitte immer kleiner wird.

Ich hoffe, Sie verstehen meine Abschweifungen, doch hat sich nur Weniges positiv entwickelt. Irland, Spanien, Portugal und selbst Italien erleben eine moderate Stabilisierung, aber die betreffenden Zeichen sind nicht viel mehr als einige gute Tage im Leben eines schwerkranken Patienten. Offiziell liegt die US-Arbeitslosigkeit bei unter fünf Prozent, aber die wirklich gut bezahlten Jobs werden durch schlecht bezahlte ersetzt. Die Dividendenrenditen der europäischen Unternehmen liegen deutlich über den Renditen der Anleihen. Wir Deutschen exportieren wie die Weltmeister, aber unsere größten Absatzmärkte (Europa, China und Nordamerika) sind überschuldet und müde.

Wir leben in einer künstlichen Welt, die durch eine manipulierte Zins- und Gelddruckpolitik entstanden ist. Das sehen viele Marktteilnehmer mittlerweile als normal an. Man gewöhnt sich an die Markt-Manipulation und an die Bewertungsblase und investiert weiter frohen Mutes. Genau in diesem mentalen und analytischen Phlegma liegen die Chancen für den smarten und agilen Investor. In meiner 40-jährigen Historie als Investor, Hedgefonds-Manager und Leerverkäufer habe ich selten eine größere Chance gesehen, am kommenden Crash zu verdienen als jetzt. Ganz wesentlich ist dabei das Timing. Wann bricht die Wirtschaft trotz langjähriger Markt-Manipulationen ein? Wann verlieren die Investoren das Vertrauen in die scheinbar allmächtigen Zentralbanken? Wann kommt der Knall?

Seit 40 Jahren als Finanzprofi höre ich von den Bullen bei jeder Hausse irgendein Argument, warum die Börsenrallye endlos weiterlaufen sollte. Der aktuelle Tenor ist einmal mehr, dass »es diesmal anders sein wird«. Die traditionellen und fundamentalen Bewertungen sind nicht mehr relevant, da wir uns in einer neuen Welt mit Negativzinsen und moderatem Wachstum bewegen. Dies erlaubt sehr hohe Bewertungen und niedrige Dividenden. Viele Marktteilnehmer meinen tatsächlich, dass die Zentralbanken durch ihre Politik jede Rezession oder Korrektur vermeiden können. Das halte ich für naiv, denn der konsolidierten Bilanzsumme der größten Zentralbanken von circa 20 Billionen US-Dollar steht ein globaler Renten- und Aktienmarkt von circa 300 Billionen US-Dollar gegenüber.

Oberflächliche Beobachter behaupten, dass es zurzeit keine wirklichen Alternativen zu Aktien gebe. Ähnliches substanzloses Gefasel kenne ich bestens aus den Crash-Jahren 1987, 2000 und 2008. Trotzdem werde ich so sachlich wie möglich auf diese Argumente eingehen. Ein objektiv agierender Hedgefonds-Manager und Leerverkäufer darf niemals seine Position aufbauen, ohne die Gegenargumente ausreichend analysiert zu haben. Dazu mehr im Kapitel »Die notorischen Bullen – DAX 30.000«.

Eine exakte Antwort auf die Timing-Frage hat nur Gott, und er teilt sie uns nicht mit. Es gibt aber Trading- und Investment-Mechanismen, mit denen man sich trotzdem bestens für einen Crash oder eine »japanische Sklerose« positionieren kann. Es ist also an der Zeit, mit dem Analyseteil dieses Buches zu starten.

Welche Signale deuten auf einen Crash hin?

In diesem Kapitel versuchen wir, Ihnen wichtige Zusammenhänge zu erklären und die Signale zu verdeutlichen, die auf einen Crash hinweisen. Ich habe in dieses Kapitel bewusst viele Grafiken eingebaut, damit Sie mir bei meiner Analyse bestmöglich folgen können.

Ich interessiere mich kaum für Börsenmeinungen und verabscheue fast alle Marktkommentatoren, die noch nie eine einzige Investment-Auszeichnung erhalten haben. Einige Personen reden und schreiben über die Märkte, das ist ihr Beruf. Drei Jahrzehnte meines Berufslebens habe ich mich mit Long- und Shortstrategien beschäftigt und nichts von meinem Wissen an den breiten Markt weitergegeben. Warum hätte ich andere Marktteilnehmer an meinen Einsichten teilhaben lassen sollen? Das hätte nur die Konkurrenz gestärkt und womöglich meine Rendite geschmälert.

Jeder langjährig erfolgreiche Hedgefonds-Manager ist größtenteils emotionslos. Hedgefonds-Manager interessieren weder Geiz noch Gier. Sie sind von ihrem Job begeistert, aber die Werte in ihren Portfolios beruhen prinzipiell auf durchdachten Chancen- und Risikoanalysen und teilweise komplexen Wahrscheinlichkeitsrechnungen. Dasselbe Prinzip gilt bei der Markteinschätzung.

Abbildung 4: Wirtschaftswachstum[5]

Abbildung 4 belegt, dass sich die aktuelle Wirtschaftserholung durch die schwächste Wachstumsrate seit 1981 auszeichnet – und das, obwohl die Geldmenge in den USA niemals schneller gewachsen ist. De facto ist die aktuelle Wirtschaftserholung die schwächste seit der Erhebung der betreffenden Daten ab dem Jahr 1885. Woran liegt das? Die Verschuldung der US-Zentralbank ist seit 2008 um 800 Prozent auf circa 4,5 Billionen US-Dollar gestiegen. Definitiv kann man sagen, dass immer mehr Schulden und eine erhöhte Geldmenge das Wirtschaftswachstum immer weniger beeinflussen können und sich letztendlich sogar negativ auswirken. Mittlerweile liegt das Verhältnis von Fremdkapital zu Eigenkapital bei der US-Notenbank Federal Reserve bei 77. Im Jahr 2008 lag dieser Wert bei »nur« 22. Die Bank Lehman Brothers implo-

---

[5] Quelle: http://davidstockmanscontracorner.com/wp-content/uploads/2016/11/Capture-480x333.png

dierte bei einem Verhältnis von Schulden zu Eigenkapital in Höhe von 33 zu 1. In den ersten drei Quartalen des Jahres 2017 geht die US-Notenbank Federal Reserve von einem realen Wirtschaftswachstum von circa 1 Prozent aus. Das ist angesichts der massiv erhöhten Verschuldung ein klares Indiz dafür, dass sich ab einem gewissen Punkt durch Schulden kaum noch zusätzliches reales Wirtschaftswachstum erreichen lässt. Hinzu kommt, dass wesentliche Wirtschaftsdaten (Wachstum, Inflation und Arbeitslosenzahl) oft geschönt werden. Besuchen Sie die Webseite http://www.shadowstats.com für eine weitere Analyse.

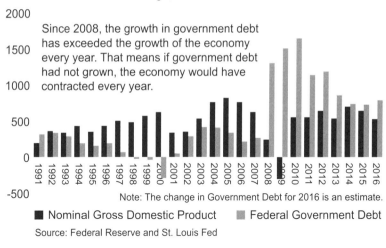

Abbildung 5: Wirtschaftswachstum versus Schuldenwachstum[6]

In Abbildung 5 sehen Sie deutlich, wie das Wachstum der Regierungsschulden in den USA das Wachstum der dortigen Wirtschaft

---

[6] Quelle: http://chrisbelchamber.com/wp-content/uploads/2017/03/0317GovDebtfasterthanGDP.png

seit 2008 kontinuierlich übersteigt. Zynische Marktbeobachter behaupten, die US-Wirtschaft wäre ohne die Markt-Manipulationen der Fed in eine schwere Depression gefallen. Andere bringen vor, dass sich die Wirtschaft durch die Zins- und Geldmengen-Manipulation nicht bereinigen konnte – mit der Konsequenz, dass das ultimative wirtschaftliche und finanzielle Debakel nur aufgeschoben wurde und dass das Ausmaß des nächsten Crashs historische Dimensionen annehmen wird. Auch ich bin der Meinung, dass die nächste Krise noch vehementer sein wird als die kleine Depression von 2008 bis 2009 und dass sie zudem noch wesentlich länger andauern wird.

Abbildung 6: Wachstum der Beschäftigung[7]

---

[7] Quelle: http://gainspainscapital.com/wp-content/uploads/2017/02/GPC27 17.jpg

Der Mythos von einer boomenden US-Wirtschaft muss hinterfragt werden. Betrachten Sie dazu Abbildung 6. Das Wachstum der Beschäftigung in großen US-Unternehmen fällt. Auf Vollzeitstellen hochgerechnet sinkt die Zahl der Angestellten. Auch Ende 2007, also vor dem großen Crash 2008, war diese Entwicklung erkennbar. Im US-Einzelhandel verloren im Mai 2017 allein 80.000 Amerikaner ihren Job. Das sind mehr als in den schlimmsten Monaten der Depression von 2008 und 2009. Allgemein nennt man diese Entwicklung den Amazon-Effekt. Seitdem Amazon bekanntgegeben hat, die weltgrößte Biosupermarkt-Kette *Whole Foods Market* zu erwerben, fallen die Kurse der Konkurrenten.

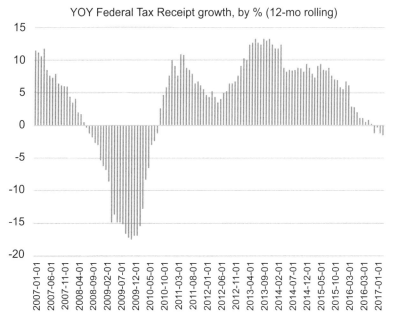

Abbildung 7: Wachstum Steuereinnahmen[8]

---

[8] Quelle: https://mises.org/sites/default/files/styles/full_width/public/receipts.png?itok=P9-pnD-f

Das Wachstum der Steuereinnahmen, wie in Abbildung 7 dargestellt, lässt einen ungefilterten, objektiven Blick auf die wirtschaftliche Situation des jeweiligen Landes zu. Es ist in den USA erstmals seit 2008 rückläufig. Das war auch vor dem Crash 2008 so. Dieser Indikator ist sehr aussagekräftig, denn die Steuereinnahmen sind klar dokumentiert und lassen sich nur schwer beschönigen. Wenn das Wachstum in mehreren aufeinanderfolgenden Jahren immer geringer ausfällt als im jeweiligen Vorjahr, liegt es nahe, anzunehmen, dass sich die wirtschaftliche Situation über diesen Zeitraum insgesamt verschlechtert hat.

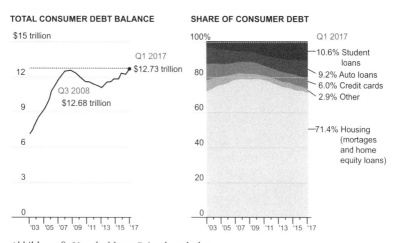

Abbildung 8: Verschuldung Privathaushalte[9]

Auch die private Verschuldung der US-Bürger ist wieder auf demselben Niveau wie 2008, wie Abbildung 8 deutlich macht. Insgesamt beträgt die Verschuldung 12,7 Billionen US-Dollar. Der größte Anteil davon sind Hypothekenschulden. Was sich hier am meisten verändert hat, sind die Studentenkredite, die jetzt schon knapp 11 Prozent der Privatschulden ausmachen. Dies entspricht einer Steigerung von 6

---

[9] Quelle: https://www.nytimes.com/2017/05/17/business/dealbook/household-debt-united-states.html

Prozent im Vergleich zum Jahr 2008. Hauptsächlich stehen hier die stetig steigenden Studienkosten im Vordergrund. Laut einer aktuellen Studie kamen 73 Prozent der im letzten Jahr verstorbenen US-Konsumenten auf eine durchschnittliche Verschuldung von fast 62.000 US-Dollar. Rund die Hälfte aller US-Amerikaner lebt von einem Gehalt zum nächsten und kann sich nicht einmal eine unvorhergesehene Autoreparatur im Wert von 400 US-Dollar leisten. Durch die hohe Privatverschuldung wird in Zukunft auch der Konsum weiter sinken, denn die US-Bürger werden immer weniger handlungsfähig. Was passiert, wenn die ersten Kredite ausfallen, kann sich mittlerweile jeder denken. Wir stehen keineswegs besser da als im Jahr 2008.

Demographischer Wandel

Abbildung 9: Entwicklung der Geburtenrate[10]

---

[10] Quelle: http://www.new-normal.com/wp-content/uploads/2013/02/Boom-Gloom-and-the-New-Normal.pdf, S. 7

Auch der demographische Wandel wirkt sich auf die Wirtschaftsentwicklung aus. Sehen Sie sich dazu Abbildung 9 an. Zur Generation der Baby-Boomer zählen Personen, die zwischen 1946 und 1970 geboren wurden. Sie sind die Kinder der Kriegsgeneration, und sie waren es, die in der Vergangenheit etwa bis zum Jahr 2007 in den USA für eine enorme Nachfrage, einen enormen Konsum und ein hohes Wirtschaftswachstum sorgten. Die Baby-Boomer galten stets als konsumfreudig, nähern sich aber mittlerweile dem Renteneintrittsalter und reduzieren deshalb ihren Konsum. Die hohe Anzahl an Baby-Boomern belastet das Sozialsystem in allen wesentlichen Wirtschaftsregionen – und ab 2018 ist das sogar auch in China der Fall. In Japan drehte sich das demographische Bild schon Mitte der 1990er-Jahre. Seitdem befinden sich die japanische Wirtschaft und

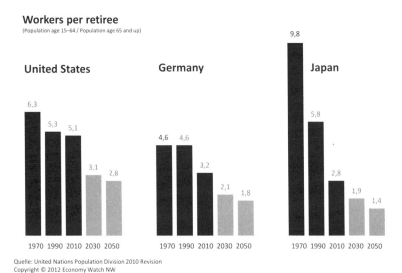

Abbildung 10: Zahl der Erwerbstätigen im Verhältnis zur Zahl der Rentner[11]

---

[11] Quelle: http://michaeljparks.com/wp-content/uploads/2012/10/US-old-age-dependency-ratio.jpg

Analyse

der Nikkei-Index im Abwärtstrend. Dieser Faktor wird von den meisten Ökonomen bei der Berechnung von Wirtschafts- und Börsenentwicklungen ignoriert. Eine Koryphäe auf diesem Gebiet ist Harry Dent. Er konstatiert, dass Crashs vor allem auf demographische Faktoren zurückzuführen sind. Mehr dazu auf seiner Webseite: https://dentresearch.com.

Abbildung 10 zeigt, wie viele Erwerbstätige wirtschaftlich für die Altersbezüge eines Rentners aufkommen müssen. Man sieht deutlich, dass in Zukunft immer weniger Personen auf einen Rentner entfallen. Eine Ursache dafür ist die geringe Geburtenrate und der Umstand, dass die Generation der Baby-Boomer in den Ruhestand

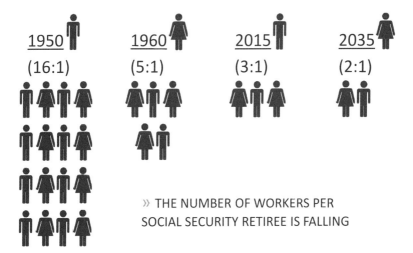

Quelle: 2015 Social Security Trustees Report; FixtheDept

Abbildung 11: Die Folgen des demographischen Wandels[12]

---

[12] Quelle: http://crfb.org/sites/default/files/ftd-sspopulationratio.png

tritt. Der durchschnittliche Japaner ist mittlerweile 55 Jahre alt, der durchschnittliche Deutsche 47 Jahre und der durchschnittliche Amerikaner 38 Jahre. Das zahlenmäßige Verhältnis von Erwerbstätigen zu Rentnern geht seit 1990 in Deutschland drastisch zurück. 1990 kamen noch 4,6 Arbeitnehmer auf einen Rentner. Es ist schier undenkbar, dass es in 13 Jahren zwei Arbeitnehmer schaffen sollten, die Ruhestandsbezüge eines Rentners zu finanzieren. Zusätzlich belastend: Auch die Lebenserwartung wird kontinuierlich steigen, und etliche Rentner werden zu extrem aufwendigen Pflegefällen. Wahrscheinlich ist, dass das Renteneintrittsalter Schritt für Schritt in Richtung 75 Jahre angehoben wird.

Die Folgen des demographischen Wandels und seine Auswirkungen auf die Finanzierung der Renten sind in Abbildung 11 noch einmal verdeutlicht. In den USA ist der demographische Trend einer der größten Feinde der Kapitalmärkte. Aus demographischer Sicht tritt die demographische Misere in Amerika etwas später ein als in Europa. In der Haushaltsbilanz der USA werden alle wesentlichen künftigen Verbindlichkeiten (Pensionen, Verpflichtungen im Gesundheitswesen etc.) einfach ignoriert. Laurence Kotlikoff, ein angesehener Ökonom, berechnet die wirkliche US-Verschuldung auf über 200 Billionen US-Dollar (offiziell sind es 20 Billionen US-Dollar) und das jährliche Haushaltsdefizit auf circa 4 Billionen US-Dollar gegenüber einem geschätzten offiziellen Haushaltsdefizit von 400 Milliarden US-Dollar im laufenden Jahr. Wenn ein US-Unternehmen so bilanzieren würde wie die US-Regierung, würden sich die handelnden Personen strafbar machen. Soviel dazu.

Die wahre Krise in den USA resultiert aus den hohen Pensionen, die zukünftig aus Steuereinnahmen nicht mehr bedient werden können, sowie aus den stetig steigenden Kosten im Gesundheitsapparat, die mittlerweile 20 Prozent des Bruttoinlandsprodukts darstellen. In Europa liegt dieser Faktor bei circa 8 Prozent.

Junk-Bond-Blase

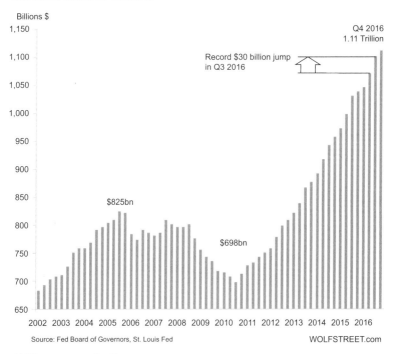

Abbildung 12: Autokredite[13]

Seit Mitte 2010 wächst das Volumen der Autokredite in den USA vehement an. Abbildung 12 zeigt, dass sich die Autokredite im vierten Quartal 2016 im Vergleich zum dritten Quartal 2016 um ganze 30 Milliarden US-Dollar erhöht haben. Insgesamt beläuft sich das Volumen der Autokredite in den USA zurzeit auf rund 1,1 Bil-

---

[13] Quelle: http://www.cohopartners.com/images/img-27.jpg

lionen US-Dollar.[14] Dabei steigt der Anteil an Kreditnehmern, die sich bereits in Zahlungsschwierigkeiten befinden, siehe Abbildung 13. Hinzu kommen 300 Milliarden US-Dollar an Kreditvolumen aus Leasing-Finanzierungen und 35 Milliarden US-Dollar Schulden der Autoverleiher.[15] Das macht zusammen einen Schuldenberg von circa 1,5 Billionen US-Dollar.

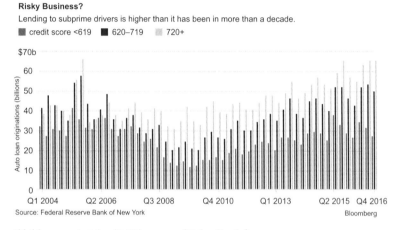

Abbildung 13: Autokredit-Volumen auf Rekordhoch[16]

---

[14] Quelle: https://www.nytimes.com/2017/05/17/business/dealbook/household-debt-united-states.html
[15] Quelle: http://davidstockmanscontracorner.com/monetary-central-planning-at-work-the-carmeggedon-fiasco/
[16] Quelle: http://lugenfamilyoffice.com/wp-content/uploads/2017/02/b082721d-38b2-42e6-a1d8-08a7168fce73.jpg

Analyse

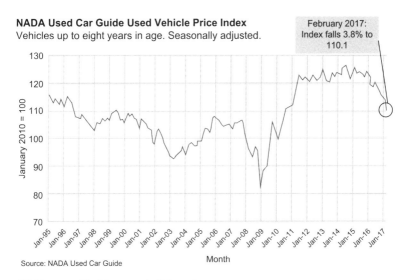

Abbildung 14: Nachfrage nach Gebrauchtwagen[17]

Auch die Anzahl der weniger solventen Kreditnehmer nimmt seit 2009 zu. In der US-Autobranche gehe ich spätestens im vierten Quartal des Jahres 2017 von Kurzarbeit aus. Die allgemein schwache Nachfrage führt derzeit zu einem Einbruch der Gebrauchtwagenpreise – betrachten Sie dazu Abbildung 14. Eine Schwäche in diesem arbeitsintensiven Segment hat auch Einfluss auf die gesamtwirtschaftliche Entwicklung in den USA. Im Leasingbereich werden aktuell circa 3,7 Millionen Autos nach Ablauf der Leasingverträge nicht von den Leasingnehmern übernommen. Das ist ein historischer Höchstwert. Diese Wagen landen zusätzlich auf dem Gebrauchtwagenmarkt. Dadurch sinken die Gebrauchtwagenpreise weiter.

---

[17] Quelle: https://mishgea.files.wordpress.com/2017/03/nada-used-car-2017-03a.png

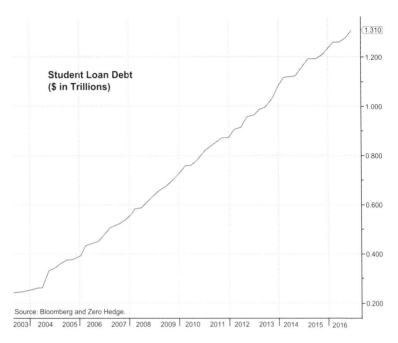

Abbildung 15: Das Volumen der US-Studienkredite[18]

Aus Abbildung 15 ist ersichtlich: Die US-amerikanischen Studenten haben mittlerweile circa 1,3 Billionen US-Dollar an Schulden in Form von Studienkrediten aufgenommen.[19] Bei 11,2 Prozent davon ist eine Rückzahlung nicht möglich oder die Raten sind bereits seit mindestens 90 Tagen überfällig. Die Ausfälle dürften in einer Rezession oder Depression deutlich ansteigen. Ähnlich wie bei den Autokrediten ist auch hier eine Blase entstanden, die jederzeit platzen kann. Zusätzlich senken die massiven Kreditschulden die Kauflaune der

---

[18] Quelle: http://www.zerohedge.com/sites/default/files/images/user230519/imageroot/2017/03/09/2017.03.09%20-%20Student%20Loan%20Debt.jpg
[19] Quelle: https://www.nytimes.com/2017/05/17/business/dealbook/household-debt-united-states.html

Studenten. Selbst wenn sie nach der Universität einen Job gefunden haben, gilt es zunächst, die Schulden zu bedienen. Ökonomen fanden heraus, dass die hohen Studienkredite bei jungen Erwachsenen zu einer verringerten Nachfrage nach Immobilien führten.

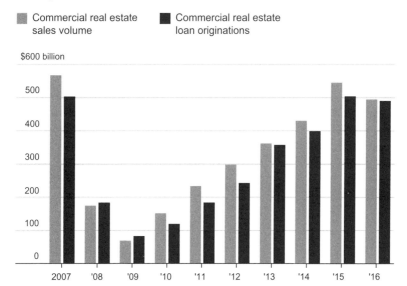

Abbildung 16: Kreditwachstum bei gewerblichen Immobilien[20]

Das Kreditwachstum bei gewerblichen Immobilien ist – siehe Abbildung 16 – mittlerweile rückläufig, wenn auch auf einem sehr hohen Niveau. Die sinkende Kreditnachfrage folgt aus der sinkenden Nachfrage nach gewerblich genutzten Immobilien. Dieser Indikator deutet auf eine zukünftige Schwäche bei gewerblichen Immobilien hin,

---

[20] Quelle: https://si.wsj.net/public/resources/images/BF-AP788_CRELOA_9U_20170411161206.jpg

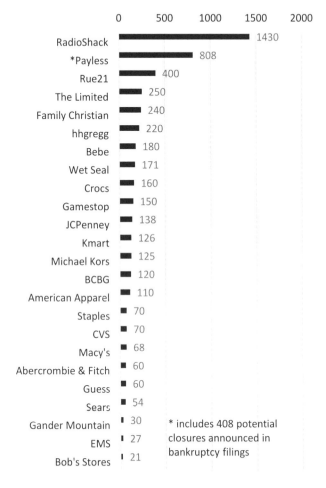

Abbildung 17: Ladenschließungen im Einzelhandel[21]

---

[21] Quelle: http://static3.businessinsider.de/image/593172fdda6dde245a4ed-f5f-1200/retailers-stores-closing-2017.png

genauso wie im Jahr 2008 vor dem großen Crash. In diesem Sektor sehen wir ein weiteres enormes Krisenpotenzial. Die insgesamt 2,5 Billionen US-Dollar, die auf Kredite für gewerbliche Immobilien entfallen, könnten Banken, Investmentgesellschaften und Einzelhändlern zum Verhängnis werden. Eine solche Blase sorgte bereits bei der letzten Hypothekenkrise für einen globalen Wirtschaftsschock.

Die in Abbildung 17 gezeigte Statistik stellt die Anzahl an Ladenschließungen im Einzelhandel dar. Seitdem diese Daten erfasst werden, haben Einzelhändler noch nie so viele Filialen geschlossen wie jüngst. Selbst in der großen Krise von 2008 und 2009 war dieses Segment weniger angeschlagen. Renommierte Analysten und Marktkommentatoren wie die UBS sehen ein erhebliches Abschreibungspotenzial bei Anleihen und Aktien in diesem Segment. Je Einwohner ist die Einzelhandelsfläche in den USA im Schnitt 10- bis 20-mal größer als in Europa. Aber auch in Europa und Asien gibt es milliardenschwere Kredite in diesem Bereich. Auch bei uns führt der Amazon-, Zalando- und Alibaba-Effekt bereits zu erheblichen Veränderungen.

Es ist wichtig, diese Problemherde in der Summe einzuordnen:

- Autokredite in den USA: 179 Milliarden US-Dollar haben Junk-Bond-Rating[22]
- Studentenkredite in den USA: 370 Milliarden US-Dollar haben ein Junk-Bond-Rating (das sind 30 Prozent aller Studentenkredite!)[23]
- Kredite für gewerbliche Immobilien (unter anderem Einzelhandel) liegen weltweit mit geschätzten 260 Milliarden US-Dollar im Junk-Bond-Bereich.

---

[22] Quelle: http://www.zerohedge.com/news/2017-04-04/ubs-blames-fed-crisis-high-subprime-defaults-says-auto-just-beginnning
[23] Quelle: http://www.zerohedge.com/news/2017-04-04/ubs-blames-fed-crisis-high-subprime-defaults-says-auto-just-beginnning

- US-Kreditkartenschulden, die nicht mehr bedient werden: 40 Milliarden US-Dollar (höchster Stand seit fünf Jahren). Banken müssen im Falle einer Rezession mit einem Verlust von 100 Milliarden US-Dollar aus Kreditkartenschulden rechnen, die dann nicht mehr zurückgezahlt werden können.[24]
- Italien: 300 Milliarden an Krediten, die nicht mehr bedient werden.
- Gesamt: **1,2 Billionen**
  Zum Vergleich: Die Größe der Problemkredite im Hypothekenbereich (sogenannte Subprime Loans) belief sich im Jahr 2007 auf **1,3 Billionen**.[25]

Selbstverständlich waren die Zinsen 2007 wesentlich höher als derzeit, aber die Kreditqualität wird in wichtigen Bereichen schlechter, während das Kreditwachstum stagniert oder rückläufig ist.

Für mich stellen diese kumulativen und wenig beachteten Schrottanleihen eine ernsthafte Bedrohung für das Finanzsystem und die Wirtschaft dar. Hinzu kommen zwei ernst zu nehmende Problemherde: die kommunale und bundesstaatliche Verschuldung (Municipal and State Debt) liegt derzeit in den USA bei 3 Billionen US-Dollar. Dieser Schuldenberg kann durch erhöhte Abgaben wahrscheinlich noch einige Zeit bedient werden, obwohl höhere kommunale Steuern sicherlich zu einer Rezession beitragen würden. Mit 5 Billionen US-Dollar sind die ungedeckten Pensionsverbindlichkeiten der Kommunen und der amerikanischen Bundesstaaten ein viel ernsteres Problem. Das war bereits an den enormen finanziellen Schwierigkeiten von Puerto Rico (US-Außengebiet), Detroit, Stockton, Oakland und an der drohenden Insolvenz des wichtigen Staates Illinois erkennbar.

---

[24] Quelle: http://wolfstreet.com/2017/06/23/credit-card-losses-fed-bank-stress-test/

[25] Quelle: http://www.nbcnews.com/id/17584725

Wer sich etwas ausführlicher mit der US-Steuerbilanz beschäftigt, weiß, dass etwa ein gutes Fünftel der Steuereinnahmen von Privatleuten aus der Kapitalertragssteuer auf kurz- und langfristige Veräußerungsgewinne und aus der Erbschaftssteuer stammt. In einem anhaltenden Bärenmarkt verlieren die USA ihre nach der Einkommenssteuer zweitwichtigste Steuereinnahmequelle. Auch die Topverdiener im Finanzsektor werden dann ihre Jobs verlieren, und somit entfallen weitere wichtige Steuereinnahmen. Das bedeutet nichts anderes, als dass eine anhaltende Börsen-Baisse und ein Immobiliencrash das US-Haushaltsdefizit weitaus dramatischer in die Höhe schießen lässt, als der Markt es erwartet. Defizite von über einer Billion US-Dollar halte ich in den nächsten drei Jahren für wahrscheinlich. Ob sich der Markt dann aufgrund massiver Interventionen durch die Zentralbank nochmal erholt oder ob das Vertrauen in die schöngeistigen Akademiker in den Zentralbanken dann endgültig erschöpft ist, werden wir sehen.

Bullenmärkte haben die seltsame Eigenschaft, Risiken solange zu ignorieren, bis es zum Eklat kommt. Ich kann mich noch gut an Karstadt und Enron erinnern. Jeder Analyst mit etwas Halbwissen hätte diese Misere schon rund anderthalb Jahre vor der jeweiligen Pleite erkennen müssen. Damals verzweifelte ich lange an der Stupidität des Marktes, bis die Aktienkurse dieser Unternehmen schlussendlich gegen Null gingen. Aber eines habe ich damals gelernt: Ein Markt ist wie ein Supertanker: Er fährt noch einige Zeit weiter, obwohl er schon lange keinen Treibstoff mehr hat. Nicht ganz so dramatisch und fortgeschritten kommt mir das aktuelle Marktgeschehen vor. Die Märkte schwächeln an der Peripherie, aber die Mehrheit der Investoren glaubt noch fest an das »DAX-30.000-Nirwana«.

Abbildung 18 zeigt das von den Geschäftsbanken erzeugte Kreditvolumen im Vergleich zum Vorjahr. Das Wachstum nimmt markant ab und nähert sich der Nulllinie. Die Nachfrage nach Krediten ist bestenfalls mau. Das ist definitiv keine gute Statistik für das US-Wirtschaftswachstum.

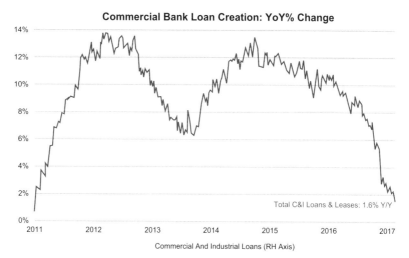

Abbildung 18: Kreditvolumen Geschäftsbanken[26]

Entkopplung von der Realwirtschaft

Die in Abbildung 19 gezeigte Grafik haben Sie schon im vorherigen Kapitel gesehen. Nochmals: die produzierten Industriegüter haben normalerweise eine sehr hohe Korrelation zu den Aktienmärkten. Seit Anfang 2015 hat sich die Industrieproduktion markant von den Aktienkursen entkoppelt. Die Industrieproduktion ist ein wichtiger Indikator, der anzeigt, ob sich eine Volkswirtschaft im Aufschwung oder im Abschwung befindet. Diese Entkoppelung sollte jedem Investor zu denken geben.

---

[26] Quelle: http://www.zerohedge.com/sites/default/files/images/user5/imageroot/2017/06/04/C%26I%20loans%20June%2010_0.jpg

Analyse

Abbildung 19: S&P 500-Entwicklung versus Industrieproduktion[27]

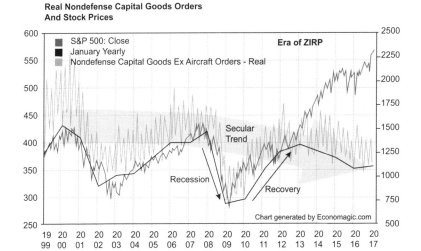

Abbildung 20: Kapitalgüteraufträge zur Entwicklung des Aktienmarktes[28]

---

[27] Quelle: http://www.zerohedge.com/sites/default/files/images/user3303/imageroot/2017/04/17/20170418_IP1_0.jpg

[28] Quelle: http://davidstockmanscontracorner.com/wp-content/uploads/2017/03/Capture-12.png

Seit 2013 entkoppeln sich auch die Real Nondefense Capital Goods
Orders (Kapitalgüteraufträge ohne Rüstungsaufträge) von der Entwicklung des Aktienmarktes, wie aus Abbildung 20 ersichtlich wird.
Die Kapitalgüteraufträge sind ein weiterer wichtiger Indikator, der
anzeigt, ob sich eine Volkswirtschaft im Aufschwung oder im Abschwung befindet. Man kann anhand dieser Grafik auch sehr gut die
Folgen der Nullzinspolitik ab dem Jahr 2009 nachvollziehen.

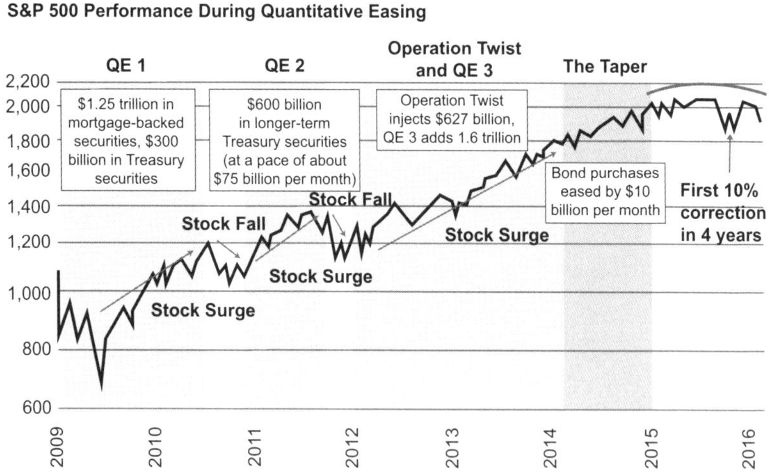

S&P 500 Performance During Quantitative Easing

Abbildung 21: S&P 500-Performance während des Quantitative Easing (QE)[29]

Abbildung 21 zeigt die Performance des S&P 500 während der Zeit
der expansiven Geldpolitik der Zentralbanken. Sie erklärt, warum die
vehemente Geldvermehrung die Aktienkurse beflügelt. Jedes Mal,
wenn der Geldhahn zugedreht wird, kommen die Finanzmärkte ins
Stocken. Fundamental wichtige Faktoren wie die Industrieproduktion und der Auftragsbestand der Industrie werden vom Finanzmarkt
vollkommen ignoriert.

---

[29] Quelle: http://www.investmentu.com/assets/images/content/2016/01/
121116IU_quantitative-lg.jpg

Analyse

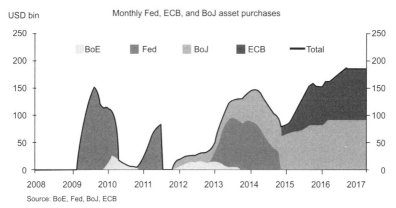

Abbildung 22: Gelddruckmanie der Zentralbanken[30]

Abbildung 22 zeigt, dass die US-Zentralbank seit Ende 2014 kaum noch Geld in die US-Märkte pumpt. Doch insgesamt geht die Gelddruckmanie weiter, denn die Europäische Zentralbank (EZB) und die Bank of Japan (BoJ) drucken mittlerweile wesentlich mehr Geld, als es die Fed jemals getan hat. Eigentlich wollte ich das nicht mehr erwähnen, aber die US-Zentralbank gehört de facto nicht dem Staat, sondern wesentlichen westlichen Universalbanken wie Goldman Sachs oder der Deutschen Bank. Die Zahl ehemaliger Investmentbanker und Theoretiker, die dieses Institut führen und beeinflussen, ist alarmierend hoch: Alan Greenspan, Ben Bernanke, Janet Yellen, …

Aktuell werden von den Zentralbanken circa 200 Milliarden Euro pro Monat aus dem Nichts geschaffen. Das führt dazu, dass der globale Aktienzirkus weiter floriert. Vorerst ist es egal, wie hoch verschuldet die Zentralbanken, Länder, Unternehmen und Privathaushalte sind. Die »Carry Trader« beschaffen sich Geld zu Nullkosten bei den Ban-

---

[30] Quelle: http://www.zerohedge.com/sites/default/files/images/user5/imageroot/ 2017/04/19/Central%20bank%20balance%20sheet%20DB_0.JPG

ken (zurzeit vor allem in Yen und Euro), investieren dieses Geld in Aktien und Anleihen und verdienen damit sichere zweistellige Renditen, solange das Zentralbankgeld noch fließt. Wird dieser Rhythmus außer Kraft gesetzt, brechen die Wirtschaft und die Finanzmärkte ein.

Der Carry Trade

Beispiel

Ein vermögender Investor geht mit 10 Millionen Euro zur Bank und nimmt einen Kredit über 90 Millionen Euro auf. Für die 90 Millionen Euro fallen Zinskosten in Höhe von 0,5 Prozent, also 450.000 Euro, an. Mit den insgesamt 100 Millionen Euro kauft er nun staatlich gesicherte Anleihen oder eine Immobilie, die ihm 5 Prozent Rendite jährlich bringt. Sein Risiko ist äußerst gering und er erwirtschaftet dadurch 5 Millionen Euro. Abzüglich der Zinskosten hat er 45,5 Prozent auf sein eingesetztes Eigenkapital in Höhe von 10 Millionen Euro erwirtschaftet. Oft verlangen die Banken für die Carry Trades keine Sicherheiten. Wenn diese Trades scheitern, wie in der Finanzkrise 2008 und 2009, gehen viele Banken erfahrungsgemäß pleite. Nicht aber von der Pleite betroffen sind Carry- Trader, die ihre Erträge sicher in einem anderen Institut gebunkert haben.

Hier wird Geld mit Geld verdient. Carry Trades haben absolut nichts mit der Realwirtschaft zu tun. Sie zeigen die Perversion des Interventionismus. Mit Steven Mnuchin, Mario Draghi und Co. entscheiden ehemalige Mitarbeiter der Investmentbank Goldman Sachs über die Wirtschaftspolitik und halten das Spiel auf diese Weise weiter am Laufen. Der Geldadel und institutionelle Anleger profitieren enorm von solchen Carry Trades. Sie können ihr Vermögen ohne große Risiken vermehren, während der Privatanleger sich mit einer lächerlichen Verzinsung irgendwo zwischen 0,3 Prozent und 1,6 Prozent zufriedengeben soll. Was hier passiert, ist der wesentliche Grund dafür, dass die Reichen immer reicher und die Armen immer ärmer werden.

Wenn solche Carry Trades noch mehrere Jahre anhalten sollten, bedeutet das, dass die Mittelklasse auf Kosten derjenigen schrumpft, die mit dem Rohstoff Geld zu Nullkosten professionell arbeiten. Als noch weitaus tragischer empfinde ich, dass beim nächsten Crash sicherlich wieder die Geldadel-Spekulanten durch den Steuerzahler gerettet werden.

In diesem Zusammenhang verweise ich auf das Video zum Thema Carry Trades auf meinem YouTube-Kanal: https://www.youtube.com/watch?v=q5eTqoqBK7s

Die Praxis der Carry Trades ist wie der Leveraged Buyout (fremdfinanzierte Übernahme) kaum öffentlich bekannt, da sich aktuelle Geldgrößen nur in ganz wenigen Fällen öffentlich zu diesem brisanten Thema äußern. Der Currency Carry Trade ist ein wichtiger Bestandteil dieser Praxis, aber aufgrund von Währungsdifferenzen riskanter. Hier leiht sich ein »Carry Trader« zum Beispiel Yen bei 0,1 Prozent und investiert sie in US-Staatsanleihen bei 3 Prozent, und das mit einem Hebel von 20 bis 100.

Niemals hätte ich als ausgezeichneter Harvard University-Ökonom die Zahlen für möglich gehalten, die in Abbildung 23 dargestellt sind. Die Zentralbankschulden betragen Ende 2017 rund 40 Prozent der Weltwirtschaftsleistung! Seit 1913 lag diese Zahl in der Regel unter 3 Prozent. Im Crash von 2008 hat der damalige Chef der Federal Reserve Bank, Ben Bernanke, beschlossen, die angeschlagene Weltwirtschaft und das angeschlagene Finanzsystem mit massiven

More and more and more!
Aggregate balance sheet of large central banks, $tn & % of GDP

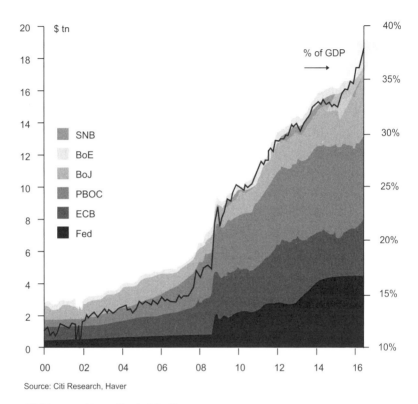

Source: Citi Research, Haver

Abbildung 23: Zentralbank-Schulden[31]

Geldspritzen zu retten. Die EZB tat Ähnliches. Viele Politiker (z. B. Angela Merkel, George Bush, Gordon Brown und Nicolas Sarkozy), die von der Hochfinanz rein gar nichts verstehen, stimmten diesem Unterfangen ohne die geringsten Einwände zu. Somit wurden etliche Banken, Aktionäre und Anleiheeigner durch den Steuerzahler

---

[31] Quelle: https://srsroccoreport.com/wp-content/uploads/2017/06/Central-Bank-Balance-Sheet-Percentage-GDP-768x790.png

vor Verlusten in Billionenhöhe gerettet. In dieser Zeit nahm auch der Carry Trade in einem bisher nie vorhandenen Ausmaß Gestalt an. Die Steuerzahler haben 2008 und 2009 nicht nur den Geldadel vor dem Kollaps bewahrt, sondern sie haben im letzten Jahrhundert auch den Mega-Reichen durch die von ihnen gewählten Politiker ermöglicht, pervers hohe und nahezu risikolose Renditen zu erwirtschaften.

Bewertungen

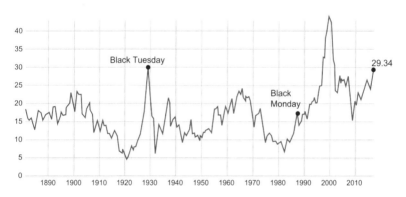

Abbildung 24: Shiller-KGV für den S&P 500[32]

Die Bewertungen im Februar 2016 waren bereits abenteuerlich hoch, aber sie sind noch etwas absurder geworden. Das Shiller-KGV (das Shiller-Kurs-Gewinn-Verhältnis, im englischen Original als Shiller Price-Earnings-Ratio bezeichnet) wurde vom Nobelpreisträger Robert Shiller entwickelt. Wie sich diese Kennzahl über die Jahre beim S&P 500 entwickelt hat, sehen Sie in Abbildung 24. Das Shiller-KGV ermöglicht es jedem Investor, Über- und Unterbewertungen an den Börsen fundamental zu ermitteln. Vereinfach gesagt basiert das Shiller-KGV auf den Kurs-Gewinn-Verhältnissen der letzten zehn Jahre.

---

[32] Quelle: http://www.multpl.com/shiller-pe/

Werte über 20 sind brandgefährlich und Werte von 30 gab es nur vor der großen Depression von 1929 und zu Beginn der Dotcom-Krise im Jahr 2000. Selbst in den 1960er-Jahren hätte sich mit diesem Indikator die brutale Baisse von 1966 bis 1982 frühzeitig prognostizieren lassen. In 137 zurückliegenden Jahren lag dieser Index nur zwei Jahre lang höher als derzeit. Das müsste jeden wertorientierten Investor zum Nachdenken anregen.

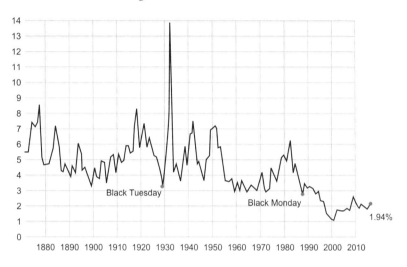

Abbildung 25: Dividendenrendite beim S&P 500[33]

Noch nie, seit es den Zins gibt (seit circa 2000 bis 3000 Jahren), waren die Zinsen so niedrig und die Verschuldung so hoch. Selten waren die Dividendenrenditen niedriger als zurzeit. Wer meint, dass dieses Zins-Nirwana anhält, ist entweder die Reinkarnation von Salomon, ein brillanter Futurist oder ein Scharlatan.

---

[33] Quelle: http://www.multpl.com/s-p-500-dividend-yield/

Analyse

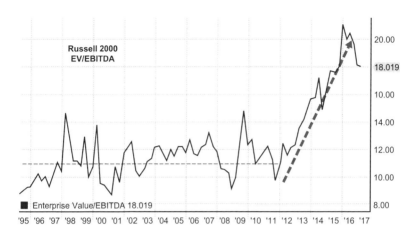

Abbildung 26: Russell 2000[34]

Als Small-Cap-Investor mit vier Jahrzehnten Erfahrung werde ich immer sehr skeptisch, wenn der Kurs kleiner Aktien nach oben abhebt. Das bedeutet stets, dass die Risikobereitschaft am Markt ihren Zenit erreicht hat. Diese Faszination für kleine Unternehmen dauert jedoch selten mehr als zwei oder drei Jahre an. Heute hat die Bewertung kleinerer Unternehmen in den USA historisch nie dagewesene Höhen erreicht. Ähnlich ambitioniert sind die Bewertungen des TecDAX und des SDAX. Ein weiteres Indiz für eine weit fortgeschrittene Börsen-Hausse sind die Kurse der Emerging-Market-Werte, also der Aktien aus Schwellenländern. Auch diese befinden sich generell in einer starken Hausse-Phase. Laut David Stockman liegt das Kurs-Gewinn-Verhältnis bei diesem Index bei schwindelerregenden 83. Er ist damit höher als beim NASDAQ vor dem Platzen der Dotcom-Blase im Jahr 2000 und höher als der Nikkei-Index in Japan vor der immer noch anhaltenden Börsenkrise, die im Jahr 1990 begann.

---

[34] Quelle: http://www.zerohedge.com/sites/default/files/images/user3303/imageroot/2017/03/15/20170315_prefed8.jpg

Abbildung 27: Entwicklung der FANG- im Vergleich zu sonstigen Aktien[35]

Betrachten Sie in Abbildung 27 die Entwicklung der FANG-Aktien (Facebook, Amazon, Netflix, Google) in den zurückliegenden Monaten. Wie im vorherigen Kapitel bereits angesprochen, bestimmen seit Ende 2016 schlappe vier Aktien das gesamte Börsengeschehen in den USA. Unter Börsianern heißt es, breit aufgestellte, steigende Märkte seien gesunde Märkte. Das kann man hier wirklich nicht behaupten.

---

[35] Quelle: http://www.zerohedge.com/sites/default/files/images/user3303/imageroot/2017/06/07/20170608_fang_0.jpg

Analyse

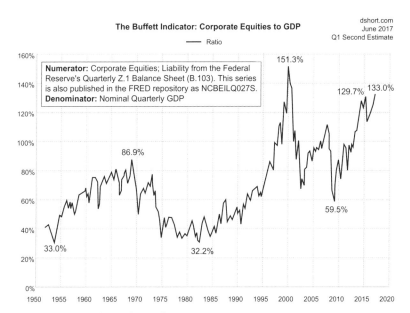

Abbildung 28: Buffett-Indikator[36]

Der Buffett-Indikator, wie dargestellt in Abbildung 28, ist ein weiteres exzellentes Mittel, um die Märkte zu bewerten. Die Investoren-Koryphäe Warren Buffett hat ihn zwar nicht selbst erfunden, verwendet ihn dennoch gerne. Der Buffett-Indikator dividiert die gesamte Marktkapitalisierung der US-amerikanischen Aktien durch das Bruttoinlandsprodukt. Vor kurzem hat dieser Indikator den zweithöchsten Wert seit 67 Jahren erreicht. Nur in der Dotcom-Krise war dieser Wert noch 18,3 Prozent höher. Selbst einem dauerhaften Optimisten sollte auffallen, dass die Luft bei diesen Bewertungshöhen äußerst dünn geworden ist.

---

[36] Quelle: https://www.advisorperspectives.com/images/content_image/data/ea/ea74f4d777e90d0a6955dcfb346444b5.png

Erfolg im Crash

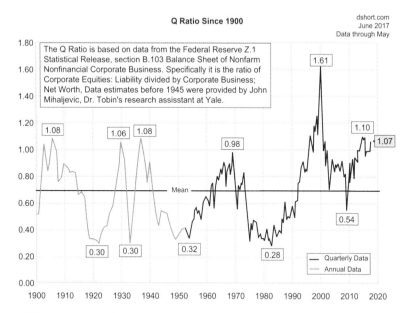

Abbildung 29: Q-Ratio[37]

Der Indikator Q-Ratio – siehe Abbildung 29 – gehört zu meinen Favoriten, ist aber leider nicht leicht zu verstehen. Um Ihnen die Recherche zu ersparen, nenne ich ihn einfach den Wiederbeschaffungswert-Index. Auch durch diesen Index lassen sich Marktblasen in den vergangenen 117 Jahren verlässlich identifizieren. Keiner dieser exzellenten Indikatoren sagt Ihnen genau auf den Monat, wann der Crash kommt, aber er zeigt sehr genau auf, mit welchem Risiko Sie an den Börsen agieren. Als langjähriger professioneller Spekulant interessiere ich mich nicht besonders für Marktbewertungen, außer sie sind extrem niedrig oder extrem hoch. In solchen Phasen können außerordentliche Renditen recht schnell erwirtschaftet werden. Gelegentlich gibt es die »Tenbagger« oder »Hundredbagger« Aktien, die

---

[37] Quelle: https://www.advisorperspectives.com/images/content_image/data/a3/a35c06ce84f503c3bbf1f9de738a7c8b.png

besonders günstig sind, dynamisch wachsen und Tausende Prozent an Wert gewinnen. Diese Perlen findet man aber eher selten.

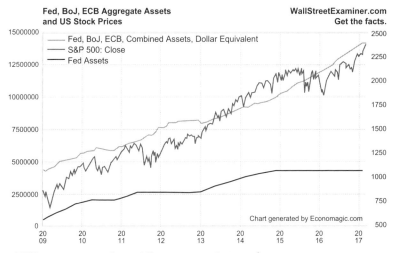

Abbildung 30: Unternehmensbilanzen versus S&P 500[38]

Zum besseren Verständnis zeige ich in Abbildung 30 eine Grafik, die das Verhältnis der wesentlichen westlichen Unternehmensbilanzen und die Entwicklung des S&P 500 darstellen. Die untere Linie zeigt die Explosion der Fed-Bilanz von circa einer halben Billion US-Dollar auf fast 4 Billionen US-Dollar. Auch diese Grafik untermauert mein Kernargument, dass die einzige wahre Triebfeder für die aktuelle Börsen-Hausse die Manipulation der Zins- und Geldmenge ist.

Frühwirtschaftliche Indikatoren, wie in Abbildung 31 gezeigt, sind dem Zyklus voraus und prophezeien durch einen sinkenden Wert stets jede Wirtschaftskrise. Die frühwirtschaftlichen Indikatoren in

---

[38] Quelle: http://davidstockmanscontracorner.com/wp-content/uploads/2017/04/M10802020420522351323758595585.gif

den USA geben zurzeit ein rosiges Bild ab. Die notorischen Bullen nutzen diese, um den Markt weiter nach oben zu pushen.

Abbildung 31: LEI-Index[39]

Abbildung 32 zeigt: Die LEI-Indikatoren, zusammengefasst im LEI-Index, befinden sich bereits auf historischen Höchstständen, sind aber noch nicht rückläufig. Auf diese Indikatoren müssen Sie dringend achten, denn in den vergangenen 58 Jahren ließen sich damit Rezessionen akkurat voraussagen. Der LEI-Index (Conference Board Leading Economic Index)[40] wird laut meinen Modellen im vierten Quartal 2017 nach unten drehen.

---

[39] Quelle: https://www.advisorperspectives.com/images/content_image/data/f4/f4755498176ae03f033a091bbd355c2d.png
[40] Quelle: http://www.investopedia.com/terms/c/cili.asp

Analyse

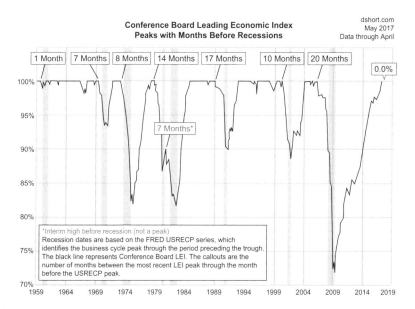

Abbildung 32: Historie des LEI-Index[41]

Der Wolkenkratzer-Index wird von vielen belächelt, aber ich finde ihn trotzdem bemerkenswert. Denn er ist nicht nur im Crash, sondern auch in Korrektur-Phasen verlässlich. Er ist maximal unwissenschaftlich, aber trotzdem relevant. Ganz besonders relevant finde ich den Kingdom Tower in Jeddah, der 1000 Meter hoch werden soll. Saudi-Arabien ist auf dem besten Weg, pleite zu gehen. Das Königreich feierte eine Fete für seinen neuen König, die 28 Milliarden US-Dollar kostete, möchte das kleine Katar und seine immensen Gasvorkommen annektieren und bezichtigt das Emirat Qatar, Terrorismus auf der ganzen Welt zu finanzieren. Das ist ungefähr so, als würde ein Heroin-Dealer einen Taschendieb des Massenmordes bezichtigen. Noch absurder ist die Tatsache, dass die Monarchen Saudi-Arabiens

---

[41] Quelle: https://www.advisorperspectives.com/images/content_image/data/af/af1103fcccea70115f9bd5dedaec15fa.png

ohne ihre kriegshungrigen Verbündeten allein für 350 Milliarden US-Dollar Waffen bei den Amerikanern bestellt haben, um den Mittleren Osten zu »befrieden«.[42] Ich glaube, der Wolkenkratzer-Index wird wieder einmal Recht behalten, vielleicht etwas zeitverzögert.

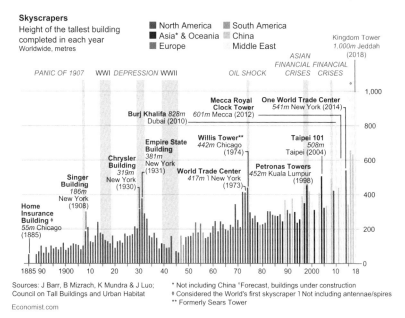

Abbildung 33: Wolkenkratzer-Index[43]

---

[42] Quelle: https://www.washingtonpost.com/news/fact-checker/wp/2017/06/08/the-trump-administrations-tally-of-350-billion-plus-in-deals-with-saudi-arabia/

[43] Quelle: https://s-media-cache-ak0.pinimg.com/736x/d3/80/c8/d380c8a56cb509d94700b73cb40c2117.jpg

Analyse

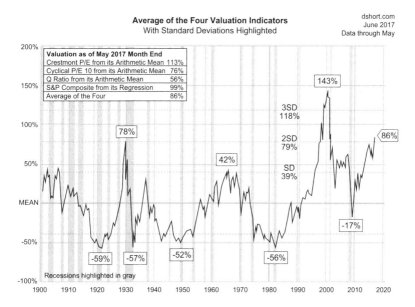

Abbildung 34: Durchschnitt der vier Bewertungs-Indikatoren[44]

Würden Sie mittelfristig gegen diese vier exzellenten historischen Bewertungsindikatoren (siehe Abbildung 34) wetten und jetzt noch ohne die geringste Absicherung investieren? Ich nicht. Würden Sie den Markt, oder noch besser, gewisse Marktsegmente oder einzelne Aktien leerverkaufen? Vielleicht, vor allem wenn Ihr Vermögen und Bargeld durch Inflation, Finanzrepression und Negativzinsen mittelfristig sowieso vernichtet wird.

---

[44] Quelle: https://www.advisorperspectives.com/images/content_image/data/c7/c73397521536dcc6c6127b8809d92eb8.png

Fazit

Wir haben global ein Verschuldungsniveau im Verhältnis zur Weltwirtschaftsleistung erreicht, das noch nie höher war. Die Zinshistorie der vergangenen 2500 Jahre zeichnet ein klares Bild: Noch nie standen die Zinsen in dieser Zeit so niedrig wie heute. Größtenteils absurd hohe Bewertungen führen bei vielen fundamental orientierten Investoren gelegentlich zu Nasenbluten. Somit haben viele Marktteilnehmer die massive Börsenrallye seit 2009 verpasst. Viele Crash-Propheten sagen seit mindestens einem halben Jahrzehnt den Untergang der Börsen und der Wirtschaft voraus, verstehen aber nicht, dass manipulierte Märkte länger wachsen und gedeihen als frei agierende und sich somit selbst korrigierende. Ein klassischer Fall ist Harry Dent, »ehemaliger« Börsenguru und exzellenter Demograph, der mittlerweile nach etlichen schlechten Prognosen jetzt den Crash für die Jahre 2017 bis 2019 voraussagt. In diesem Zeitfenster liegt auch meine Erwartung. Der andere schwerwiegende Fehler ist, dass sich viele Börsenautoren zu stark auf traditionelle Korrelationsanalysen verlassen. Es ist mittlerweile fast unumstritten, dass die Börsen und Anleihemärkte extrem mit den Gelddruck-Aktivitäten der wesentlichen Zentralbanken zusammenhängen. Dieser Faktor überschattet die historisch wichtigen Variablen wie die Unternehmensgewinne, demographische Trends, die Industrieproduktion oder den Auftragsbestand.

Der traditionelle und schlecht informierte Anleger, der immer nur Aktien, Immobilien oder Anleihen kauft, wird bei seiner Suche nach einer vernünftigen Rendite langsam und sicher zum Schlachthof geführt. Er meint, keine wirklichen Anlage-Alternativen zu haben. Doch das stimmt einfach nicht, und der Sinn dieses Buches ist, das Wissen und den Anlagehorizont meiner Leser zu erweitern.

Die hochriskante Jagd auf Renditen führt zurzeit zu den absurdesten Anlagen. Ein Land wie Argentinien, das in 65 Jahren sechsmal und

Analyse

zuletzt im Jahr 2014 zahlungsunfähig war, emittiert eine hundert Jahre laufende Anleihe mit einem jährlichen Zinssatz von 7,9 Prozent.[45] Das Ganze ist, bei einem Junk-Bond-Rating B, höchst spekulativ. Es handelt sich um eine Anleihe, bei der sich jeder sicher ist, dass sie niemals komplett zurückgezahlt werden kann. Was hat denn ein solches Schrottpapier in einem mittelfristig orientierten Investment-Portfolio zu suchen? Eine solche Anleihe eignet sich allenfalls für kurzfristig orientierte Trader und professionelle Spekulanten. Trotzdem wurde diese Schrottanleihe in einem Umfang von 2,75 Milliarden US-Dollar in kürzester Zeit platziert.

Die Zinsspanne zwischen Junk-Bonds und Anleihen mit einem soliden Rating der Klassen AA/AAA liegt auf einem Rekordtief. Die Zinsen für wahrscheinliche Pleite-Kandidaten (Junk-Bonds) liegen in den USA derzeit bei circa 5,6 Prozent, während die Anleihen guter Emittenten mit etwas über 2 Prozent verzinst werden. Vor der großen Zins- und Geldmengen-Manipulation im Jahr 2008 rentierten qualitativ hochwertige 20-jährige deutsche AAA-Bundesanleihen noch mit circa 5 Prozent.

Der globale Junk-Bond-Markt hat mittlerweile eine Dimension von fast 2,5 Billionen US-Dollar erreicht und ist somit knapp zweimal so groß wie die faulen US-Hypothekenkredite im Jahr 2008.

Viele Marktteilnehmer erkennen die mittlerweile offensichtlichen Schwächen im System nicht und vertrauen nahezu blind auf die Allmacht der Gelddrucker. Selbst diejenigen, die durchaus dazu fähig sind, Risiken zu bewerten, trauen sich nicht, das Casino zu verlassen, denn sie könnten ja noch einige Gewinne verpassen. Genau darin liegt ein sehr wesentliches Risiko, denn so denkt die Mehrheit der

---

[45] Quelle: http://wolfstreet.com/2017/06/20/argentina-sells-100-year-dollar-denominated-junk-bonds/.

Anleger. Fakt ist, dass bei einer großen Baisse mindestens 90 Prozent der Investoren große Verluste einfahren.

Es geht darum, unabhängig von der Börsenentwicklung Geld zu verdienen. Es geht darum, bestens positioniert zu sein, bevor die Börsen wackeln. Vor allem geht es darum, wie ein professioneller Casino-Eigentümer das Verhältnis zwischen Chancen und Risiken immer auf seiner Seite zu haben und bei der Mehrzahl der Investments regelmäßig Geld zu verdienen sowie horrende Verluste zu vermeiden. Nur so lässt sich das eigene Kapital schützen.

Meine bevorzugte Anlage-Strategie ist seit fast vier Jahrzehnten, Schrott zu shorten (leerzuverkaufen) und hochwertige Perlen sehr günstig zu erwerben. Qualitätswerte zu shorten, ist nicht mein Ding, obwohl solche Wachstums-Unternehmen in der Krise auch drastisch an Wert verlieren. Hier haben Sie es aber mit einem extremen Timing-Problem zu tun. Seit Jahren hätte jeder Versuch, die sehr teuren FANG-Werte zu shorten, zum finanziellen Ruin geführt. Dasselbe gilt für Tesla. Ich suche mir lieber marginale, kapitalintensive, phantasielose, hochverschuldete und gering rentierende Unternehmen wie die Bremer Vulkan Werft aus, die bei einer Wirtschaftskrise untergehen, und besitze Aktien von Unternehmen, die von einer Krise profitieren oder zumindest in der Krise weiterhin profitabel agieren.

Das System nennt sich »Long/Short-« oder »Total-Return-Investment«.

Wie man einen gut fundierten Total-Return-Ansatz in einem solchermaßen überteuerten Umfeld umsetzt, werden die nächsten Kapitel erklären. Aber zuallererst müssen wir uns auseinandersetzen mit den notorischen Bullen, die den DAX in absehbarer Zeit bei 30.000 Punkten sehen. Erst dann können wir uns mit dem richtigen Timing beschäftigen.

Analyse

Die notorischen Bullen – DAX 30.000

In diesem Kapitel versuchen wir, die Haltung der Bullen einzunehmen. Welche Gründe sehen sie dafür, dass der Dax auf 30.000 klettert?

Häufig zu hören ist das Argument, dass es auch in einer Zeit steigender Zinsen wie in den 1950er-Jahren einen Bullenmarkt geben kann. Anhand der folgenden Abbildung 35 lässt sich deutlich erkennen, dass niedrige oder hohe Zinsen kein Ausschluss-Kriterium für einen Bullenmarkt sind.

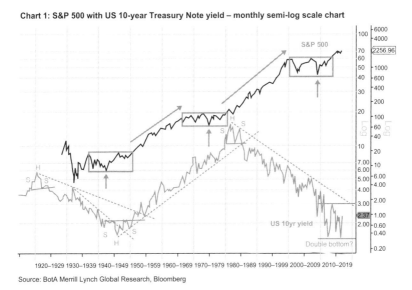

Abbildung 35: S&P 500 versus 10-jährige US-Staatsanleihen[46]

---

[46] Quelle: http://www.deraktionaer.de/upload_aktionaer/ebd344a4bcc81a78 bbf14f8bf97b080b_96546

Die Renditen der 10-jährigen US-Staatsanleihen haben im Zeitraum zwischen 1950 und 1967 von unter 2 Prozent auf über 5 Prozent zugelegt, und im selben Zeitraum stieg der S&P 500 um ganze 460 Prozent. Ein zeitgleicher Anstieg von Anleihenrenditen und Aktienkursen ist also tatsächlich parallel möglich. Laut einigen Anlegern ist sogar ein Anstieg des S&P 500 auf 3000 Punkte möglich, was basierend auf dem aktuellen Niveau einem Zuwachs von rund 23 Prozent entspricht. Es heißt häufig, wenn sich der Bullenmarkt ähnlich wie in der Nachkriegszeit entwickle, könnte er in den nächsten zehn Jahren sogar 6000 Punkte erreichen. Doch da zurzeit keine Abkehr von der Niedrigzinspolitik in Sicht ist, liege eine Fortsetzung der Hausse ohnehin nahe.

Frage:
Wieso sind die Zentralbanken so entschieden der Meinung, dass bei einer Zinserhöhung der Markt fallen wird, wenn es doch sowohl bei sinkenden als auch bei steigenden Zinsen Bullenmärkte geben kann?

Antwort:
Drehen wir das Argument doch einmal um: Es kann auch bei sinkenden Zinsen eine Rezession geben. Aber die wirklich entscheidenden Faktoren sind doch andere. Mario Draghi und Janet Yellen können mit ihren Aussagen die Börsen bewegen, ohne dass sich etwas verändert hat. Monatlich werden 200 Milliarden Euro in die Märkte gepumpt. Das ist es, was berücksichtigt werden muss, denn auf den Gesamtkontext kommt es schließlich an: Die Gelddruckmanie hat eine viel stärkere Korrelation zu den Kursen. Allein diese Art von Geldpolitik treibt die Kurse in die Höhe. Doch was passiert, wenn auf einmal dieses Spiel ein Ende nimmt? Richtig: Den Börsen in Japan, China, Europa und Amerika droht ein massiver Liquidationsentzug, ihnen wird buchstäblich der Stecker gezogen.

Die »goldene Zeit« von 1950 bis 1967 folgte außerdem zeitlich auf die schwerste und längste Depression der US-Wirtschaftsgeschichte. Der

Dow-Jones-Index erreichte im Jahr 1929 seinen Höchststand, und es dauerte bis ins Jahr 1959, also drei Jahrzehnte, bis dieser Stand wieder erreicht wurde. Jemand, der 1929 gekauft hatte, benötigte also zweieinhalb Generationen, um wieder bei pari anzukommen. Inflationsbereinigt waren die Verluste massiv. Zwischen 1929 und 1959 lag die Inflation bei circa 1,6 Prozent pro Jahr.[47] Das bedeutet, dass ein Dollar an der Börse in dieser Phase circa 50 Prozent an Kaufkraft verloren hatte. So viel zum Thema langfristiges Aktiensparen. Wenn Sie am Höhepunkt einsteigen, können Sie locker in einer langanhaltenden Krise mehr als die Hälfte ihres Kapitals verlieren. In Japan geht es seit der letzten Hausse im Jahr 1990 ähnlich zu. Die realen Verluste liegen weit über 50 Prozent, und das in einem Zeitraum von 27 Jahren. Und die Bullen reden tatsächlich von einem Aufschwung von 23 Prozent. Ich frage mich ernsthaft: Was haben diese Leute geraucht?

Man sollte auch nicht verkennen, dass gerade die Epoche von 1959 bis 1967 die goldenen Jahre der USA waren. Das reale Wirtschaftswachstum lag bei 4 Prozent. Die Unternehmensgewinne stiegen um circa 14 Prozent pro Jahr, also deutlich schneller als die Zinsen. Die US-Haushaltsbilanz war in dieser Phase ausgeglichen. Die Regierung entschuldete sich massiv. Die Produktivitätssteigerungen waren auf dem höchsten historischen Niveau. Die Verschuldung der amerikanischen Haushalte lag nahezu bei Null. Für die Unternehmen und Privathaushalte gab es nach dem Zweiten Weltkrieg einen extremen wirtschaftlichen Nachholbedarf, der letztendlich den Baby-Boom nach sich zog. Alle diese Leute wollten Fernsehgeräte, Häuser und Waschmaschinen besitzen. Heute liegt das US-Wachstum hingegen bei unter einem Prozent. Die US-Unternehmensgewinne stagnieren und sind seit mehr als zwei Jahren rückläufig. Zudem ist die Verschuldung in allen Bereichen wesentlich höher. Es gibt aufgrund der

---

[47] Quelle: https://inflationdata.com/Inflation/Inflation_Rate/HistoricalInflation.aspx.

hohen Verschuldung einen sehr hohen »Crowding-Out-Effekt«. Das Medianalter lag in den USA 1960 bei 29 Jahren. Heute liegt es bei 38 Jahren.[48] Dazu waren die Bewertungen in dieser nahezu einzigartigen Wirtschaftsphase und Börsen-Hausse sensationell niedrig. 1950 lagen die Unternehmensbewertungen beim 7-fachen Nettogewinn, bei einer Dividendenrendite von 7,4 Prozent. Aktuell liegen die Unternehmenswerte im S&P 500 bei einer Bilanzierung nach US-GAAP beim 24-Fachen des aktuellen Nettogewinns dieser Unternehmen, bei einer Dividendenrendite von durchschnittlich 1,8 Prozent. Ebenfalls interessant: Nachdem die Gewinnbewertungen ab Mitte der 1960er-Jahre Richtung 20 liefen, wiesen die US-Börsen in den folgenden 16 Jahren reale Verluste von nicht weniger als 70 Prozent aus. Ich streite gar nicht ab, dass Börsen bei steigenden Zinsen steigen können. Nur sind die Zinsen in diesem debilen Bullenvergleich wirklich nicht der ausschlagende Faktor für die damalige Börsen-Hausse. Die Aktien waren spottbillig, die Dividendenrenditen lagen weit über dem Zinsniveau, die Unternehmensgewinne sprudelten, die Bevölkerung war extrem jung und das Wort *Schulden* war ein Fremdwort.

Ein weiteres Argument lautet, dass wir uns im dritten säkularen Bullenmarkt befinden. Bereits in den 1950er- und 1980er-Jahren gab es einen langanhaltenden Bullenmarkt. Da es an der Börse schließlich immer wiederkehrende Muster gibt, ist es gut möglich, dass wir aktuell wieder am Anfang einer solchen Rallye stehen. In der nachfolgenden Abbildung 36 wird dies verdeutlicht.

Es spricht auch für eine langanhaltende Aufwärtsrallye, dass es in den USA schon Bullenmärkte gegeben hat, die bis zu 14 Jahre andauerten. Davon sind wir zwar aktuell noch weit entfernt, dennoch ist es gut möglich, dass der Aufwärtstrend erst einmal wie bisher weitergeht.

---

[48] Quelle: https://www.census.gov/newsroom/cspan/1940census/CSPAN_1940slides.pdf.

Analyse

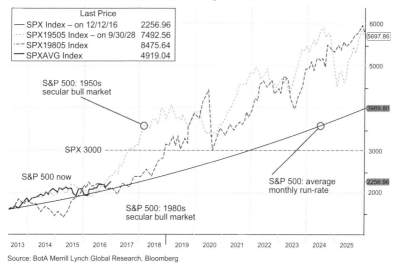

Abbildung 36: Zeitliche Verteilung von Bullenmärkten[49]

Hinweis: Die zuvor genannten Argumente beziehen sich im Wesentlichen auf den Artikel »DAX 30.000, Dow Jones 53.000! Der Bullenmarkt hat gerade erst begonnen.«[50]

Frage:
Warum kann es nicht ein weiteres Mal einen langanhaltenden Bullenmarkt geben? Was spricht dagegen, dass wir am Anfang einer solchen Börsenrallye stehen?

---

[49] Quelle: http://www.deraktionaer.de/upload_aktionaer/b550de3ae355f14632 c13c497a88ef12_96547
[50] Quelle: http://www.deraktionaer.de/aktie/dax-30-000--dow-jones-53-000-- der-bullenmarkt-hat-gerade-erst-begonnen-306120.htm

Antwort:
Was ist das denn für ein Unfug? Die Grafik in Abbildung 36 beginnt erst im Jahr 2013 und verkennt, dass wir uns seit 1982 in einem Bullenmarkt für Aktien und Niedrigzinsen bewegen. In der nachfolgenden Abbildung 37 können Sie ganz rechts die Einschätzung der US-Regierung sehen. Diese Annahme soll die Grundlage für deren Finanzplanung darstellen, obwohl es seit der Unabhängigkeitserklärung der USA im Jahr 1776 niemals eine so lange Aufschwungsphase gegeben hat. Weitere Kommentare zu dieser Einschätzung erübrigen sich.

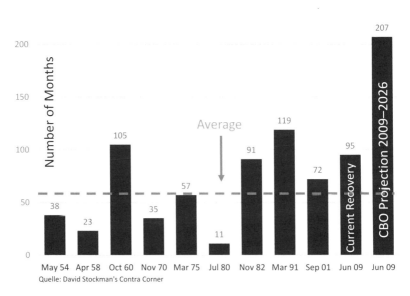

Abbildung 37: Zeitliche Dauer von Bullenmärkten[51]

---

[51] Quelle: http://davidstockmanscontracorner.com/wp-content/uploads/2017/04/Capture-48-480x292.png

Der aktuelle Bullenmarkt ist der zweitlängste in der US-Geschichte. Den längsten Bullenmarkt habe ich bereits kommentiert. Der drittlängste war durch massive Zins-Manipulationen ähnlich beeinflusst wie der aktuelle. Eines meiner Kernargumente ist doch seit der Veröffentlichung meiner Publikation *Endspiel*, dass dieses Theater länger anhält, wohlmöglich sogar bis Ende 2019, als es die quadratisch denkenden Börsenkommentatoren prognostiziert haben. In diesem Zusammenhang finde ich die Story »DAX 30.000, Dow Jones 53.000! Der Bullenmarkt hat gerade erst begonnen« besonders amüsant. Der Autor dieser These hat sich schon in den Wirren des Neuen Marktes mit seinem Hausse-Gehabe schwer verzockt, anstatt von der Dotcom-Baisse (2000 bis 2002) signifikant zu profitieren. Oberflächliche Beobachter vergleichen die Ronald-Reagan-Hausse mit der aktuellen Donald-Trump-Rallye. Doch die Zeiten sind eben anders: Zu viele alte Baby-Boomer, zu viele Verbindlichkeiten, manipulierte Märkte und Wirtschaftsdaten, eine viel liberalere Bilanzierung, drastisch höhere Bewertungen, Crowding-out-Effekte, disruptive Unternehmen, viel mehr Krisenherde und potenzielle schwarze Schwäne.

Normalerweise löst unter anderem die extreme Deflation häufig Rezessionen aus. Zurzeit ist jedoch das Gegenteil der Fall: Die Inflation steigt tendenziell. Ein weiteres Argument lautet, dass Aktien noch nie so alternativlos gewesen seien. 1987 waren wenigstens Anleihen noch eine Alternative. Geld ist so billig wie nie zuvor. Zum Vergleich: 1987, während des Rekord-Bullenmarktes, lagen die Zinsen bei satten 3 Prozent im Tief und 9,8 Prozent im Hoch.

Frage:
Warum sollte nicht noch viel mehr Kapital in den Aktienmarkt fließen und die Kurse hochtreiben? Es gibt schließlich zurzeit keine attraktiven Alternativen zu Aktien.

Antwort:

Sollen die Investoren doch massiv investieren, dann verdient der Profi-Leerverkäufer noch mehr bei der kommenden Talfahrt! Alle reden über die Chancen, vergessen aber vor lauter Gier die Risiken. Entscheidend bei jedem Investment ist doch das Chance-Risiko-Verhältnis. Heute haben wir die FANG-Aktien. Im Dotcom-Crash waren es die CIMA-Aktien (Cisco, Intel, Microsoft und America Online). In den 1960er-Jahren waren es die Nifty-Fifty-Aktien, die die Märkte pushten. Wer 20 Prozent verdienen will, könnte nüchtern betrachtet 60 Prozent verlieren. Man könnte auch noch für ein paar Quartale long sein, nur nicht ohne Portfolio-Absicherung. Diese ist übrigens auch gar nicht so teuer, wie viele meinen. Alternativen gibt es en masse: marktneutrale Fonds, Infrastrukturanleihen, nichtzyklische Dividendenperlen, Wandelanleihen, inverse ETFs, Gold, Short-Call- und Short-Put-Strategien, variabel verzinste Anleihen, Total-Return-Fonds, Carry Trades, Wasserversorger und so weiter. Glauben Sie mir einfach nach vier Jahrzehnten in dieser Branche, dass der Geldadel selbst in diesen übertreuerten Märkten endlos viele Alternativen hat, um gut zu verdienen. Das ist nicht so schwer, letztlich auch nicht für Kleinanleger. Diese müssen nur einiges in ihre Weiterbildung investieren.

Abbildung 38: Bullenmärkte in der Vergangenheit[52]

---

[52] Quelle: http://theirrelevantinvestor.com/wp-content/uploads/2017/03/bull-markets.jpg

In Abbildung 38 sehen Sie den Verlauf verschiedener Bullenmärkte, die in der Vergangenheit auftraten. Aktuell gilt: Die Märkte sind durch das politische Störfeuer abgehärtet, wirtschaftliche Schwächephasen wurden überwunden. Die Hausse wird letztlich von Unternehmensgewinnen angetrieben, und diese sind bei US-Unternehmen im ersten Quartal so stark gestiegen wie seit fast sechs Jahren nicht mehr. Die Umsätze sind um fast 8 Prozent gestiegen. Auch bei den 30 größten börsennotierten Unternehmen in Deutschland sind die jüngsten Gewinne vor Steuern und Zinsen mit 114 Milliarden Euro so hoch wie nie zuvor. Die operativen Gewinne und Umsätze dieser DAX-30-Unternehmen erreichten im ersten Quartal 2017 Höchststände. Sie schütteten zudem Rekorddividenden in Höhe von 32 Milliarden Euro aus.

Frage:
Warum sollten die Kurse fallen, wenn doch die Umsätze, die operativen Gewinne und die Dividenden weiter steigen und so hoch sind wie nie zuvor?

Antwort:
Wenn Sie wie der durchschnittliche Deutsche 47 Jahre alt sind, sollten Sie sich sehr genau überlegen, ob Sie nun in einen potenziell langjährigen Baisse-Markt investieren wollen. Sollten Sie einen Anlagehorizont von 40 Jahren haben, kaufen Sie 40 Jahre jeden Monat Aktien. Das sollte eigentlich funktionieren, vorausgesetzt, Sie benötigen dieses Geld nicht für andere Zwecke. Denn dass die Börse über einen sehr großen Zeitraum langfristig steigt, steht hier gar nicht zur Diskussion. Es ist aber auch allgemein bekannt, dass man bei maximalem Stress des Marktes investieren sollte, also dann »wenn das Blut auf den Straßen fließt«. Das ist bei hohen Ertragsmargen und rekordverdächtigen Bewertungen sicherlich nicht der Fall. Eine andere persönliche Regel ist mir mindestens genauso wichtig: Verkaufe dann, wenn alle bullish sind und wie die Lemminge in den Markt einsteigen, weil sie angeblich keine

anderen Alternativen finden. Das bedeutet, man sollte dann kaufen, wenn die Aktien zum Schnäppchenpreis zu haben sind, und keiner sie haben will.

Weitere Wirtschaftsdaten, etwa der Konjunkturindex des Ifo-Instituts, belegen, dass in Deutschland die Wirtschaft boomt. So wurde in den ersten drei Monaten des Jahres so viel mehr gearbeitet wie zuletzt 1992, das entspricht einem Zuwachs von 3,2 Prozent gegenüber dem Vorjahr. Zudem wurde die Prognose für das Wirtschaftswachstum 2017 jüngst von 1,6 Prozent auf 1,9 Prozent angehoben. Weiterhin ist in der Eurozone die Arbeitslosigkeit auf ein Achtjahrestief gerutscht. In Japan dürfte das Bruttoinlandsprodukt in diesem Jahr um 1,4 Prozent im Vergleich zum Vorjahr zulegen, und auch in den USA ist die Arbeitslosigkeit so niedrig wie seit 2001 nicht mehr.

Frage:
Die Wirtschaft boomt. Warum gibt es überhaupt irgendein Risiko, solange die Konjunkturdaten stimmen?

Antwort:
Die Konjunkturdaten stimmten auch 1929, 1966, 1990, 1994, 1987, 2000 und 2007. Danach hagelte es Verluste an den Börsen. Die Börse antizipiert und diskontiert zukünftige Entwicklungen. Das bedeutet, die Kurse spiegeln bereits die Erwartungen für die kommenden Jahre wider. Wenn diese positiven Prognosen nicht eintreffen, sinken die Kurse in der Regel. Der deutsche Leitindex DAX 30 verlor im letzten Crash im Jahr 2008 satte 54 Prozent an Wert, obwohl es der Wirtschaft relativ gut ging. Deutschland ist keine Insel. DAX-Unternehmen gehören zu 60 Prozent ausländischen Investoren. Was in den USA und China passiert, ist wesentlich wichtiger als das, was sich in München abspielt. Nehmen Sie doch einfach mal Apple, Alphabet (Google) und Amazon. Diese drei Aktien sind zusammen 50 Prozent mehr wert als die gesamte Marktkapitalisierung des DAX. Außerdem sind die Leading Economic

Indicators (Frühindikatoren) historisch extrem relevant. Sie haben in der Vergangenheit immer wieder die Basis für Prognosen geliefert, die sich im Nachhinein als richtig herausstellten. Wie bereits erwähnt deuten diese Indikatoren derzeit eher auf einen Abschwung an den Börsen hin. Eine derartige Entkopplung der Realwirtschaft von der Börse ist auch ein neues Szenario, weshalb ich mich schwer tue, die aktuelle Situation mit Szenarien aus der Vergangenheit zu vergleichen. In den vergangenen Hausse-Phasen stimmte die Korrelation noch, heute sind jedoch weder die Industrieproduktion noch die Auftragsbestände mit den Kursen auf Augenhöhe.

Manche behaupten, künstliche Intelligenz (KI) hätte das Potenzial, die Unternehmen in den nächsten 20 Jahren auf eine neue Ebene zu hieven, und auch die FANG-Unternehmen seien besser aufgestellt als es die Technologie-Unternehmen noch zu Dotcom-Zeiten gewesen seien. Unter anderem deren Cashflow und deren Bewertung seien höher als damals. Durch selbstfahrende Autos, KI und Apps stünde dieser Produktzyklus erst am Anfang.

Frage:
Was spricht gegen die hohen KGVs der Technologiewerte? Warum können die Aktien von Tesla und Co. nicht aufgrund ihrer innovativen Geschäftspraktiken noch lange weiter steigen?

Antwort:
Das ist keineswegs auszuschließen. Nur: Was ist von dem einst allmächtigen IT-Konzern IBM noch übrig? Von den US-Automobilaktien, die mal einen Weltmarktanteil von 80 Prozent hatten? Oder von Nokia, Yahoo, America Online oder Ericsson? Technologie ist schnelllebig, und das bedeutet stetigen Wandel. Selbst bei Industriewerten verändert sich alles. Von den ursprünglich zwölf Werten, die 1896 im Dow Jones waren, ist mit General Electric heute nur noch ein Unternehmen Bestandteil dieses Aktienindex. Es ist extrem schwierig, die

zukünftigen Gewinner zu identifizieren. Die Bewertungs-Bandbreite bei Technologiewerten ist enorm. In den letzten 20 Jahren wurden die NASDAQ-Aktien zu Preisen gehandelt, die dem 10- bis 50-Fachen ihres Gewinns entsprachen. Das verdeutlicht, dass die Technologiewerte auch sehr hohe Kursverluste erleben können. Das Rennen um die Pole Position in der Technologie-Branche können nicht alle gewinnen. Erinnern Sie sich noch an Napster oder an Blackberry? Was ist eigentlich aus den Aktien der ehemaligen deutschen Technologie- und Medien-Superstars wie Pixelpark und EMTV geworden? Es wird immer wieder sensationelle Technologieaktien geben. Es gibt nur in der Regel in diesem zunehmend monopolistischen Spiel sehr viel mehr Verlierer als Gewinner.

Fundamentalanalysen sind schon lange nicht mehr aussagekräftig. Es gibt Dutzende Unternehmen mit KGVs über 100, von denen einige vielleicht sogar niemals Gewinne erwirtschaften werden. Fundamentalanalysen spielen in einer Zeit von Algorithmen und passiven Anlageinstrumenten nur noch eine untergeordnete Rolle. Mittlerweile arbeiten nur noch 10 Prozent der Investoren ausschließlich mit Fundamentalanalysen. 60 Prozent der Investitionsstrategien sind passiver oder quantitativer Natur. Zudem können Fundamentalanalysen die aktuellen Bewertungen nicht rechtfertigen, Algorithmen anscheinend mithilfe von Big Data hingegen schon.

Frage:
Die Zeiten an der Börse haben sich geändert. Warum sind es ausgerechnet alle anderen, die angeblich falsch liegen?

Antwort:
Der Markt hat immer Recht. Basta. Recht zu haben interessiert mich im Zusammenhang mit dem Markt allerdings überhaupt nicht. Mir geht es um Wahrscheinlichkeits-Rechnungen, Bewertungen und um Angebots- und Nachfrage-Szenarien, die mir helfen, ein gut kalkulier-

tes Chance-Risiko-Verhältnis für meine Investments zu ermitteln. Ich gehörte mit 19 Jahren zu den ersten, die bereits vor mehr als drei Jahrzehnten mit anspruchsvollen quantitativen Methoden, Algorithmen und Computermodellen vom Marktgeschehen profitierten. Die rein fundamentalen Analyse-Methoden können zwar durch quantitative und technische Modelle erheblich verbessert werden. Doch auch diese Modelle sind nicht so makellos, wie sie oft dargestellt werden. Die Pleite von LTCM, einem Unternehmen, das sich stark auf technische, quantitative und mathematische Modelle fokussierte, hätte im Jahr 1998 fast zum Kollaps der Weltbörsen geführt. Ohne den damaligen Bailout hätte ein Schaden von mehreren Billionen entstehen können, mehr als in der Subprime-Krise von 2008. Höchsten Respekt habe ich vor Renaissance Technologies, die seit Jahrzehnten mit extrem anspruchsvollen Computer-Programmen sehr stabile und attraktive Renditen erwirtschaften. Bitte unterschätzen Sie aber nicht den Herdentrieb, den diese passiv gemanagten Anlageinstrumente in Gang setzen können, nach oben sowie nach unten. Oft simplifizieren diese Modelle Börsenbewegungen. Das ergibt sich schon aus diversen Flash-Crashs oder Flash-Korrekturen der letzten Jahre. Für mich beinhaltet dieser Trend zum Computer- und Derivate-Trading ein enormes Risiko, welches vom Markt bis zum nächsten Debakel ignoriert wird. Der Derivatemarkt ist womöglich zehnmal größer als die Weltwirtschaftsleistung.[53] Das ist nun wirklich eine bedrohliche und Angst erzeugende Zahl.

---

[53] Quelle: http://www.investopedia.com/ask/answers/052715/how-big-derivatives-market.asp

Investment-Strategien

Die Timing-Frage

Als Einstieg ein kurzer Artikel über Janet Yellens Ansichten:

Fed-Chefin – Keine weitere Finanzkrise »zu Lebzeiten«[54]

London (Reuters) – US-Notenbankchefin Janet Yellen rechnet für viele Jahre nicht mehr mit einer großen Finanzkrise. Es würde wahrscheinlich zu weit gehen zu sagen, es werde niemals mehr zu einer weiteren Finanzkrise kommen, sagte Yellen am Dienstag auf einer Veranstaltung in London. Sie hoffe aber, dass das »nicht zu unseren Lebzeiten« passieren werde. »Und ich glaube, dass das nicht der Fall sein wird«, fügte sie hinzu. Inzwischen gebe es viel mehr Sicherheit.

Die jüngste Finanzkrise hatte 2008 ihren Höhepunkt erreicht. Damals wurden weltweit Geldhäuser mit Hilfe von Steuermilliarden und Liquiditätsgarantien vor dem Kollaps gerettet. In Reaktion darauf wurden in vielen Ländern die Banken-Regulierung und Aufsicht deutlich verschärft.

Yellen ergänzte, es wäre »keine gute Sache«, die Reform der Finanzwirtschaft nach der Krise zurückzudrehen. US-Präsident Donald Trump will Forderungen aus der heimischen Bankenbranche nach

---

[54] Quelle: https://de.reuters.com/article/usa-fed-yellen-idDEKBN19J0EN

weniger Vorschriften weit entgegenkommen. Gefragt nach ihrem Verhältnis zu Trump wollte sich Yellen nicht äußern. Sie sagte lediglich, sie habe ein gutes Arbeitsverhältnis zu Finanzminister Steve Mnuchin. Zur Geldpolitik bekräftigte die Notenbankchefin ihre Haltung, wonach der Leitzins weiterhin nur schrittweise angehoben werden soll.

Janet Yellen, 1946 in Brooklyn geboren und Chefin der mächtigsten Zentralbank der Welt, ist überzeugt, dass es keine weiteren Finanzkrisen zu unseren Lebzeiten geben wird. Ich weiß zwar nicht genau, was »zu unseren Lebzeiten« bedeutet, aber mit 70 Jahren hat Frau Yellen noch eine Lebenserwartung von neun Jahren, wenn man sich auf die offiziellen Statistiken zu diesem Thema bezieht. Die Lebenserwartung des durchschnittlichen Amerikaners liegt derzeit bei circa 79 Jahren.[55] Da ich davon ausgehe, dass Frau Yellen mit diesem Kommentar den durchschnittlichen Amerikaner meint, erübrigt sich das leidige Timing Thema an den Finanzmärkten, die laut Frau Yellen sehr viel sicherer und stabiler geworden sind als je zuvor. Das ist doch wunderbar! Dann können Sie ja jetzt blind vertrauend auf ihre Macht und ihr Wissen Aktien und Anleihen kaufen ...

Seit 1950 gab es in den USA circa zehn Rezessionen, eine kurze Depression, sieben Börsencrashs und circa 40 Börsenkorrekturen von mehr als 10 Prozent. Die US-Zentralbanker haben vor keinem Crash frühzeitig und eindeutig auf Marktrisiken oder unmissverständlich auf einen bevorstehenden Wirtschaftsabschwung hingewiesen. Nach dem großen Crash von 1929 gaben die Zentralbanker sogar ihr Unvermögen zu. Vor dem Dotcom-Crash von 2000 versagte der damalige Federal-Reserve-Chef Alan Greenspan kläglich. Auch den schweren Crash von 2008 bis 2009 und die darauffolgende kleine Depression hat die Federal Reserve weder rechtzeitig erkannt noch hat sie vor-

---

[55] Quelle: http://www.who.int/gho/publications/world_health_statistics/2016/EN_WHS2016_AnnexB.pdf?ua=1

beugende Maßnahmen getroffen. Aber auch eine so hundsmiserable »Erfolgsbilanz« ist nützlich.

Die Aussagen der führenden Zentralbanker sind seit mehr als hundert Jahren ein nahezu perfekter Kontra-Indikator. Das bedeutet, dass man genau das Gegenteil von dem machen sollte, was besagte Banker empfehlen. Ebenso wichtig ist das Selbstbild dieser mächtigen Technokraten. Die aktuelle Chefin dieser gescheiterten Theoretiker meint tatsächlich, das hochkomplexe Weltwirtschaftsgeschehen ließe sich durch den Gelddruck-Knopf perfekt kalibrieren und optimieren. Rezessionen, Depressionen und Börsencrashs gehörten der Vergangenheit an. Welcome to Nirvana, Mrs. Yellen!

An diese debilen Aussagen wird sich Frau Yellen vielleicht eines Tages nicht mehr erinnern, aber es motiviert mich, das Timing-Thema ernsthaft zu hinterfragen.

Einige der zentralen Fragen, um das »Market Timing« zu optimieren, lauten folgendermaßen:

– Wie lange kann der bestehende Zyklus noch weiterlaufen?
– Wie lange kann die Volatilität noch im Rekordtief bleiben?
– Wie lange wird das Gelddrucken der Zentralbanken noch gutgehen?
– Wie lange können die Zinsen noch niedrig bleiben?
– Worin bestehen die größten politischen Risiken und welchen Markteinfluss haben sie?
– Wie lange werden die FANG-Werte noch ansteigen?
– Wie lange kann Japan seine Schulden und Defizite noch erhöhen?
– Wie lange kann Chinas Wirtschaft noch wachsen?
– Wann kommt der chinesische Schulden-Tsunami in Gang?
– Wann geht der traditionelle Einzelhandel zugrunde?
– Wann attackieren die USA Syrien, Russland, den Iran oder Nordkorea?

- Wie lange dauert es, bis die Digitalisierung (Industrie 4.0) für lethargische Unternehmen und viele Angestellte zum existenziellen Problem wird?
- Wie viele Schulden können die Unternehmen und privaten Haushalte noch aufnehmen?
- Wie lange werden sie überhaupt noch dazu bereit sein?
- Wie lange hält der Trend von Aktienrückkäufen und Unternehmens-Übernahmen noch an?
- Wie lange können die sozialen Systeme noch aufrechterhalten werden?
- Wie lange können die Aktienindizes ihre hohen Kurse noch halten?
- Wie lange können die großen Unternehmen noch hohe Gewinne einfahren?
- Was sind die nächsten wichtigen systematischen säkularen Trends?
- Wie lange wird die Eurozone noch zusammenhalten?
- Wie wahrscheinlich und wie bedrohlich sind Strafzölle, vor allem für den Welthandel?
- Wird sich der Globalismus oder der Lokalismus durchsetzen?
- Wie sicher sind die geplanten Steuererleichterungen und das geplante Infrastrukturprogramm in den USA?
- Ist eine Rezession trotz Intervention der EZB möglich?
- Wann kommt der Derivate-Crash?
- Wann fallen endlich die Börsen?
- Auf welche wesentlichen Risiken achten Investoren aktuell überhaupt nicht?
- Wann fällt das Vertrauen in die Zentralbanken?

Die Fragenliste ließe sich beliebig fortsetzen.

Der exakte Zeitpunkt eines Marktumschwungs ist nicht vorhersehbar. Glauben Sie keinem, der etwas anderes behauptet. Jeder Investmentprofi weiß, dass es nahezu unmöglich ist, das Timing für ein Investment perfekt zu bestimmen. Trotzdem kann man ein Unwetter schon vorher erkennen, obwohl man selten weiß, wann genau der Sturm losbricht. Das ist auch nicht schlimm, solange der Regenschirm griffbereit und ein sicherer Zufluchtsort in unmittelbarer Nähe ist.

Ich empfehle Ihnen dringend, sich weniger mit dem exakten Timing zu beschäftigen. Es ist wichtiger, die Richtung und den Trend zu erkennen. Schließlich hat sich auch kein brillanter Investor (Jim Rogers, Stanley Druckenmiller, George Soros, Peter Lynch, Anthony Bolton, Terry Smith, Robert Mercer et cetera) jemals intensiv mit der Market-Timing-Analyse beschäftigt.

Mit der unsinnigen Timing-Debatte verschwenden Sie viel zu viel Zeit und Geld. Es ist wesentlich wichtiger, qualitativ hochwertige, wetterfeste und unterbewertete Unternehmen, Währungen, Branchen, Rohstoffe, Metalle und Anleihen zu finden. Hier stoßen Sie viel schneller auf geeignete Anlageideen als bei der Analyse von komplexen makroökonomischen Faktoren. Als Total-Return-Investor ist es mir genauso wichtig, hochriskante, überbewertete und unattraktive Investments leerzuverkaufen. Das gilt vor allem im heutigen Investitionsklima, in dem ich kaum noch hochattraktive Unternehmen zu einem vernünftigen Preis finde. Ich möchte in meinen Investment-Portfolios nicht von Marktentwicklungen abhängig sein. Ich möchte Geld verdienen, wenn der Markt steigt, fällt oder stagniert! Ich möchte günstige Perlen kaufen und teuren Schrott leerverkaufen. So einfach ist das.

Trotzdem stellt sich die Frage, ab wann Sie anfangen sollten, sich entsprechend zu positionieren. Ich meine, dass Sie *jetzt* anfangen sollten, sich auf ein lang anhaltendes Unwetter vorzubereiten. Andernfalls hätte ich dieses Buch auch nicht genau in dieser Marktphase veröffentlicht. Es kann aber auch das Szenario eintreten, dass Sie fallende

Märkte erwarten, doch die Märkte erst einmal weiter nach oben schießen. Aus diesem Grund ist es ratsam, mit regelmäßigen Investments oder Sparplänen zu arbeiten. Mit monatlichen oder quartalsweisen Einzahlungen, beispielsweise in einen inversen ETF, vermindern Sie das Risiko, das falsche Timing zu erwischen, bauen aber dennoch kontinuierlich Ihre Position auf. Ich kann Ihnen zum Beispiel nicht genau sagen, wann der Yen gegen den Schweizer Franken oder den US-Dollar einbricht. Das kann noch einige Jahre dauern. Was ich aber sagen kann: dass die Haushaltsbilanz, die Verschuldung und die Wachstumsperspektive der Schweiz langfristig wesentlich attraktiver sind als die der Japaner. Auf Sicht von drei oder fünf Jahren halte ich sehr viel von diesem Trade, in Schweizer Franken long und in Yen short zu gehen. In der Zwischenzeit kann jedoch der Yen durchaus gegenüber dem Schweizer Franken steigen. Bei dieser Anlage-Strategie würde ich eine Position über zwei bis drei Jahre aufbauen. Dabei besteht immer das Risiko, dass der Yen schneller als erwartet gegenüber dem Schweizer Franken kollabiert, Sie wären aber zumindest etwas positioniert. Obwohl Ihre Gewinne nicht größtmöglich ausfielen, könnten Sie sich über einen adäquaten Gewinn freuen. Zu meinen Anlage-Strategien folgt mehr im nächsten Kapitel.

Des Weiteren nutzen Sie mit regelmäßigen Sparplänen den Cost-Average-Effect (Durchschnittskosteneffekt). Dieser Effekt bewirkt, dass Sie Ihre Anteile im Durchschnitt günstiger erwerben, solange Sie gleichbleibende Einzahlungen tätigen. Das liegt daran, dass Sie bei einem hohen Kurs automatisch weniger Anteile und bei einem niedrigeren Kurs mehr Anteile erwerben. Meine Empfehlung lautet ganz klar, sich einen Sparplan einzurichten, sodass Sie in regelmäßigen Abständen automatisch Ihre Position aufbauen. Dadurch entgehen Sie der Frage nach dem perfekten Timing.

Zusätzlich empfehle ich Ihnen Stop-Loss-Orders (SLO) und Lock-in-Profit-Orders (LPO) zu verwenden. Bei einer Stop-Loss-Order wird ihre Position automatisch bei einem gewissen Schwellenwert verkauft. Mit einer SLO führt ein massiver Kurseinbruch nicht zum absoluten Ruin. Es geht darum, Ihr Kapital zu erhalten. Ohne Kapital ist das Spiel an der Börse ansonsten zu Ende. Wie im Casino haben sie keine Chips mehr und müssen die Spielhalle verlassen. Ich empfinde einen Verlust von 20 Prozent als guten Richtwert für eine SLO.

Lock-in-Profit-Orders funktionieren analog zu den Stop-Loss-Orders, nur dass hier Gewinne realisiert werden anstatt Verluste. Generell gilt es unter Profi-Investoren als ratsam, Verluste eher früher zu begrenzen und Gewinne laufen zu lassen. Trotzdem bin ich dafür, die Profite nach starken Kursgewinnen in mehreren Tranchen zu realisieren.

Das folgende Beispiel sollte diese Vorgehensweise erläutern:

Ende 2015 habe ich Fielmann-Aktien bei einem Kurs von 60 Euro gekauft. Ich berechnete bei einem möglichen negativen Verlauf einen Kurswert von 55 Euro. Das Kursrisiko belief sich also auf 5 Euro (8,33 Prozent). Mein Kursziel auf Sicht von einem Jahr belief sich allerdings auf 80 Euro. Das entsprach einer Kurschance von 22 Euro zuzüglich einer Dividende von 1,80 Euro. Somit betrug das mögliche Gesamtertragspotenzial 23,80 Euro (39,67 Prozent). Entsprechend ergab sich somit für die Fielmann-Aktie aufgrund meiner Bewertungen ein attraktives Chance-Risiko-Verhältnis von mehr als 4:1. Ich habe die Fielmann-Aktie jedoch bereits Ende Februar bei einem Kurs von 70 Euro verkauft. Anschließend stieg die Aktie sogar auf 75 Euro. Durch meinen frühzeitigen Verkauf habe ich sogar auf die relativ sichere Dividende verzichtet. Warum?

Bei einem Kurs von 70 Euro bestand immer noch eine Kurschance von 10 Euro. Mit der Dividende von 1,80 Euro ergab das einen potenziellen Gewinn von nun 11,80 Euro (16,86 Prozent). Das Verlustpotenzial schätzte ich nach wie vor auf einen Kurswert von 55 Euro, also ein Kursrisiko von nun 15 Euro (21,43 Prozent). Einfach dargestellt war das Chance-Risiko-Verhältnis aus meiner Sicht bei den Kursen mittlerweile geringer als 1:1. Aus langjähriger Erfahrung interessieren mich nur Investments mit einem deutlich positiven Chance-Risiko-Verhältnis, weshalb ich den Gewinn frühzeitig realisiert habe. Ich habe zwar den Gewinn nicht maximiert, aber an einer gut überlegten Gewinnmitnahme ist, soweit ich weiß, noch keiner gestorben.

Eine besondere Investment-Gattung sind die sogenannten Kernpositionen, bei denen nach Überzeugung des Investors eine enorme Kurschance besteht. Bei diesen Werten achte ich weniger auf die Stop-Loss-Order. Nehmen wir Clinuvel Pharmaceuticals. In diesem Fall halte ich in den kommenden Jahren eine Kurschance von 1000 Prozent oder mehr für möglich. Bei einem Kursrutsch von 20 Prozent würde ich die Position nicht liquidieren, sondern eher nachkaufen. Auf der anderen Seite war ich mir bei Bremer Vulkan aufgrund sehr fundierter Analysen sicher, dass das Unternehmen pleitegehen würde. Folglich habe ich bei einer Kurserholung von 20 Prozent meine Leerverkaufsposition nicht eingestellt, sondern sie vergrößert. In diesem Bereich (long und short) habe ich in meiner Karriere als Investor am meisten verdient. Diese Titel nennt mein ehemaliger Chef bei Fidelity Investments »Tenbagger«. Der Erfolg bei der Suche nach diesen Kursraketen beruht fast immer auf intensiver, kontinuierlicher und tiefgehender Recherche. Das bedeutet generell, dass ich mich nicht nur mit dem Unternehmen und der Branche auseinandersetze, sondern auch mit den Konkurrenten, den Kunden, den Zulieferern, den Substituten, den Kreditgebern, den Investoren und so weiter. Eines gilt bei diesen hochattraktiven Kernpositionen trotzdem: Wenn sich die Annahmen fundamental und signifikant negativ verändern, ist die betreffende Position nicht mehr als Kernposition einzustufen. Das Chance-Risiko-Verhältnis hat sich in einem solchen Fall markant verschlechtert. Ob die jeweilige Position dann noch ins Portfolio gehört, muss neu ermittelt werden. Kernpositionen müssen wie alle Portfolio-Positionen in regelmäßigen Abständen begutachtet werden.

Im Anhang finden Sie weitere Informationen zum Thema Leerverkauf, Derivate und Strategien. Außerdem können Sie mein erst kürzlich veröffentlichtes Buch *Die Kunst des Leerverkaufes* bei Amazon bestellen.

Gastbeitrag: Technisches Bild

Nach vier Jahrzehnten im Investment Management achte ich bei Anlageentscheidungen auch auf die technische Analyse. Das gilt besonders bei Leerverkäufen, da stark steigende Aktien sehr schnell zu enormen Verlusten führen können. Bildlich gesehen möchte ich mich nicht vor eine Dampfwalze werfen und von ihr plattgemacht werden. Oft ist es besser, eine Aktie zu shorten, die schon etwas wacklig oder angeschlagen ist, als eine Aktie, die aus fundamentaler Sicht zwar unattraktiv ist, sich aber bei den Investoren noch großer Beliebtheit erfreut.

Beim Market Timing und dem Risikomanagement hilft mir die technische Analyse, Fehler zu vermeiden. Wenn die technische Analyse mir klare Signale liefert, erlaubt sie mir, mit mehr Sicherheit Kauf- und Leerverkaufs-Positionen einzugehen. Beim Erwerb von Aktien heißt es im Fachjargon: »Die Charts lügen nicht«. Eine rein fundamentale Einschätzung übersieht gelegentlich wichtige Makro- und Mikrotrends. Fundamentale und Technische Analyse müssen sich nicht widersprechen. Sie können sich sogar bestens ergänzen. Seit längerer Zeit schätze ich die Arbeit der Plutos Vermögensverwaltung AG und Herrn Thomas Käsdorf, der die Marktlage seit vier Jahrzehnten erfolgreich aus dem technischen Blickwinkel betrachtet. Im folgenden Gastbeitrag teilt Thomas Käsdorf seine Markteinschätzung aus technischer Sicht mit (Stand Juli 2017):

Mein Name ist Thomas Käsdorf. Ich bin im Jahre 1959 geboren und seit 1975 im Bankgeschäft. Erste Börsenerfahrungen konnte ich bereits im Jahr 1977 sammeln – vor exakt 40 Jahren. Die ersten Berührungspunkte mit Charts ergaben sich im Jahr 1980, als der Goldpreis für viele Jahre sein Hoch bei 850 US-Dollar markierte und sich die Aktienmärkte inmitten ihrer vierjährigen Bodenbildungs-Phase befanden. Für Aktien interessierte sich in dieser Zeit kaum jemand. Zwei Jahre später begann mit der politischen Wende und der Wahl von Helmut Kohl zum deutschen Bundeskanzler die Aktien-Hausse, die auch heute »noch« intakt ist. Unterbrochen wurde die Hausse in dieser Zeit von zahlreichen Rückschlägen und Crashs. Während dieser 40 Jahre habe ich nie in der Öffentlichkeit Prognosen oder Empfehlungen abgegeben. Meine beruflichen Tätigkeiten bestanden hauptsächlich darin, die Märkte zu analysieren und die Ergebnisse entsprechend in den Depots meiner Kunden, in meinen Fonds und in meinem eigenen Depot umzusetzen. Dabei soll es auch zukünftig bleiben. Alle meine nachfolgenden Erläuterungen sind lediglich eine Beschreibung des Ist-Zustandes der Märkte mithilfe meiner Analysemethoden, die ich mir innerhalb von 40 Jahren erworben habe. Insofern dienen diese Analysen lediglich zur Orientierung und stellen keine Aufforderung zu bestimmten Börsentransaktionen dar.

Gemäß der Technischen Analyse entwickeln sich Märkte – ob Aktien, Anleihen, Währungen, Rohstoffe oder sonstige Assets, die durch Angebot und Nachfrage ihren Preis finden – in Trends. Diese Trends unterteilen sich in kurzfristige Trends (ein paar Wochen), mittelfristige Trends (sechs bis 24 Monate) und langfristige Trends (länger als 24 Monate). Deshalb ist es auch wichtig, in den Analysen und Schlussfolgerungen die einzelnen Fristigkeiten zu unterscheiden. Diese Trends werden unterbrochen durch Konsolidierungen, sprich kurzfristige Pausen im bestehenden Trend, und Korrekturen, sprich längerfristige Unterbrechungen, die bis zu mehreren Jahren andauern können. Interessant ist aus technischer Sicht die Frage, ob es nach einer

Korrektur zur Fortsetzung des bestehenden Trends kommt oder ob sich der Trend dreht – beispielsweise von steigend auf fallend. Hier erweist sich wiederum die Fristigkeit als wesentlicher Faktor.

Abbildung 39: F.A.Z.-Index[56]

In Abbildung 39 ist der F.A.Z.-Index von 1956 bis heute dargestellt. In diesem Chart sind die unterschiedlichen Trends sehr schön erkennbar. Von 1959 bis 1982 befanden wir uns in einem volatilen Seitwärtstrend. Von 1982 bis 2000 stieg der F.A.Z.-Index um über 1000 Prozent, um danach ab März 2000 wieder in einen langfristigen Seitwärtstrend überzugehen, der vor nicht allzu langer Zeit getestet

---

[56] Quelle: VWD Market Manager

wurde. Jetzt kommt es darauf an, ob es dem Index gelingt, ein neues Hoch zu erzielen, oder ob er zu einer Konsolidierung, Korrektur oder gar zu einer Trendumkehr übergeht. Alle drei Varianten sind aus der heutigen Sicht möglich. Am wahrscheinlichsten ist immer die Fortsetzung des bestehenden Trends. Es sind viel Kraft, Aufwand und Geld nötig, um einen Trend zu drehen.

Abbildung 40: Euro STOXX 50[57]

Auch in Abbildung 40, dem Euro STOXX 50 von 1987 bis heute, ist deutlich erkennbar, dass der Index zunächst an einem entscheidenden Widerstand abgeprallt ist und dass der Anstieg somit gestoppt

---

[57] Quelle: VWD Market Manager

wurde. Im Gegensatz zum F.A.Z.-Index befindet sich der Euro STOXX 50 noch weit entfernt von seinem Allzeithoch. Dennoch wäre ein Überwinden des Abwärtstrends ein sehr positives Signal. Schafft der Index den Ausbruch nach oben nicht, wäre das Enttäuschungspotential erheblich. Auch hier stehen wir vor einem sehr wichtigen Signal, dessen Ergebnis noch offen ist.

Abbildung 41. *MDAX langfristig*[58]

Aus Abbildung 41, dem MDAX von 2006 bis heute, geht anschaulich hervor, wie unterschiedlich sich einzelne Märkte entwickeln können. Der Ausbruch, der momentan beim F.A.Z.-Index sowie beim Euro STOXX 50 noch auf sich warten lässt, erfolgte beim MDAX bereits Ende 2012. Der Trend wurde im Jahr 2014 und in der Periode von

---

[58] Quelle: VWD Market Manager

Investment-Strategien

2015 bis 2016 durch »trendbestätigende Korrekturen« unterbrochen. Der Aufwärtstrend verläuft bisher bilderbuchmäßig und ist zurzeit noch intakt. Der MDAX führt somit die Aktienmärkte an und dient vorzüglich als Frühindikator. Gibt es erste Anzeichen einer Konsolidierung, die in eine Korrektur oder gar Trendumkehr übergehen könnten?

Abbildung 42: *MDAX kurzfristig*[59]

Abbildung 42 zeigt den MDAX von Anfang 2015 bis heute. Der Chart zeigt, dass der Aufwärtstrend kurzfristig gesehen konsolidiert. Das Kursbild der letzten Wochen könnte auf eine noch nicht vollendete Trendumkehr (»Schulter-Kopf-Schulter-Formation«) hindeuten. Würde die Chartlinie die Marke von 24.365 Punkten nachhaltig un-

---

[59] Quelle: VWD Market Manager

terschreiten, wäre das ein kurzfristiges Verkaufssignal mit Potenzial bis etwa zur 200-Tage-Linie, die knapp unterhalb von 23.000 Punkten verläuft. Da die Linie noch stark ansteigt, ist dort mit einer Pause zu rechnen. Eine starke Unterstützung findet der MDAX aber erst bei circa 22.000 Punkten. Auf jenem Niveau wäre dann genau zu beobachten, wie nachhaltig sich der Index stabilisieren kann. Die Gefahr einer mittelfristigen Trendumkehr wäre bei einem Eintritt dieses Szenarios sehr hoch. Der langfristige Trend wäre dann, losgelöst von dieser Entwicklung, nach wie vor intakt. Was dies wiederum für den im Vergleich zum MDAX relativ schwächeren Euro STOXX 50 oder für den F.A.Z.-Index bedeuten würde, lässt sich unschwer erahnen.

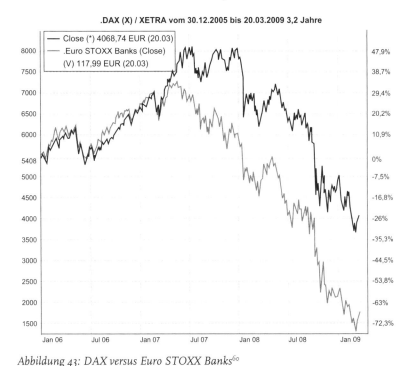

Abbildung 43: DAX versus Euro STOXX Banks[60]

---

[60] Quelle: VWD Market Manager

Wie gut auch die Technische Analyse funktioniert, lässt sich aus Abbildung 43 ersehen, die den DAX und Euro STOXX Banken von 2006 bis Anfang 2009 zeigt. Da ein Index aus unterschiedlichen Branchen und vielen diversen Aktien zusammengesetzt ist, liegt es in der Natur der Sache, dass sich der Index stets aus relativ starken sowie relativ schwachen Aktien beziehungsweise Branchen zusammensetzt. Gemäß meiner Erfahrung bilden sich immer Marktführerschaften heraus, das heißt, im Vergleich zum Index gibt es relativ starke Aktien und Branchen in einem Aufwärtstrend respektive relativ schwache Aktien und Branchen in einem Abwärtstrend. Diese

Abbildung 44: DAX versus Euro STOXX Auto[61]

---

[61] Quelle: VWD Market Manager

Aktien und Branchen funktionieren hervorragend als Favoriten, zum Beispiel »relativ starke« für Käufe sowie anlog »relativ schwache« für Verkäufe beziehungsweise Shorts. Am Chart in Abbildung 43 ist leicht die hohe Korrelation des Banken-Index zum DAX zu erkennen. Ab Jahresmitte 2007 beginnen die Banken zu fallen, während der DAX noch weiter steigt und dann auf stabilem Level bleibt. Diese relative Schwäche dauert bis Anfang 2017 an. Bereits Mitte 2007 zeichnete sich die Bankenkrise in Form dieser relativen Schwäche ab. Nach analogen Situationen suchen wir auch heute: Gibt es heute abermals Aktien und Branchen, die frühzeitig auf einen möglichen Abschwung hindeuten könnten?

Abbildung 45: DAX versus Daimler[62]

---

[62] Quelle: VWD Market Manager

In sechs von sieben Jahren, das zeigen die DAX- und Euro-Stoxx-Auto-Charts in Abbildung 44 im Zeitraum von 2011 bis heute, haben wir es mit einer sehr hohen Korrelation beider Indizes zu tun. Ab Jahresanfang 2017 halten die Automobil-Titel mit dem Anstieg nicht mehr Schritt. Mittlerweile fallen sie seit ein paar Wochen deutlich stärker als der Index. Zeichnet sich hier eine kommende Autokrise ab?

Abbildung 45 stellt den DAX-Chart demjenigen der Daimler AG im Zeitraum von 2016 bis heute gegenüber. Hier wird die relative Schwäche eines der Flaggschiffe in dieser Branche ziemlich offensichtlich. Die Zukunft wird zeigen, wie sich die Branche und die exemplarisch dargestellte Daimler AG auf die anstehenden Veränderungen einstellen können und wie die jeweiligen Aktienkurse in der Folgezeit darauf reagieren werden. Dieser Chart mahnt eindringlich zur Vorsicht.

Fazit

Die hier aufgeführten Beispiele sind selbstverständlich lediglich als kleine Puzzle-Steine des gesamten Bildes zu betrachten. Unter Berücksichtigung aller von mir analysierten technischen Mittel komme ich zu dem Ergebnis, dass der mittelfristige Aufwärtstrend an den meisten Aktienmärkten *noch* intakt ist. Der langfriste Trend ist derzeit noch unbeschadet, aber bereits »in die Jahre gekommen«. Kurzfristig – das heißt bis zum Herbst/Winter 2017 – stehen an vielen Aktienbörsen voraussichtlich Korrekturen an. Ob sich daraus eine langfristige Trendwende nach unten entwickelt, lässt sich noch nicht mit Sicherheit sagen. Doch die Wahrscheinlichkeit dafür steigt. Die verheerende Baisse im Jahr 2008 wurde von den Finanzwerten angeführt und frühzeitig sichtbar, wobei sich die Banken dann auch als die großen Verlierer erwiesen. Das »Staffelholz« könnte inzwischen an die Automobil-Branche weitergereicht worden sein.

Junk-Bond-Spread und Volatilität

Als Junk-Bond-Spread bezeichnet man den prozentualen Unterschied zwischen Junk-Bonds und Investment-Grade-Bonds oder Staatsanleihen. Der Junk-Bond-Spread wird von Investoren dazu verwendet, das allgemeine Kreditrisiko zu ermitteln. Je höher die Differenz ist, desto höher ist die Wahrscheinlichkeit für den Ausfall der riskanten Kredite. Er stellt somit einen Indikator der Kreditwürdigkeit (Risk of Default) dar. In der nachfolgenden Abbildung 46 sehen Sie den Junk-Bond-Spread im Vergleich zum VIX (Chicago Board Options Exchange Volatility Index). Dieser wiederum misst die vom Markt erwartete kurzfristige Schwankungsintensität (implizite Volatilität) und wird deshalb auch als »Angstbarometer« bezeichnet. Ein hoher Wert des VIX deutet auf einen unruhigen Markt hin, ein niedriger Wert auf einen ruhigen. Sie sehen, dass der Markt aktuell die Lage als äußerst ruhig einstuft, anders als im Vergleich zu 2009. Des Weiteren gibt es, wie auch in der Abbildung zu sehen, eine hohe Korrelation zwischen dem VIX und dem Junk-Bond-Spread. Zusätzlich korreliert der VIX negativ mit dem S&P 500, das heißt. In Zeiten eines Bullenmarktes ist der Markt ruhig und die Nachfrage nach Absicherungen ist gering. Ich erwarte im Sommer eine Erhöhung der Volatilität und aufgrund der positiven Korrelation auch gleichzeitig eine Erhöhung des Junk-Bond-Spreads. Dies wird die Ausfall-Wahrscheinlichkeit von Junk-Bonds enorm erhöhen und für eine Korrektur des Markts sorgen. Auf eine steigende Volatilität und mehr Ausfälle im Junk-Bond-Bereich zu setzen, empfinde ich als ratsam.

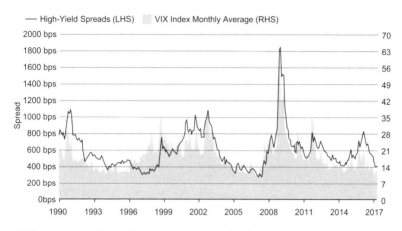

Abbildung 46: *High-Yield Spreads versus Volatilität*[63]

Sehr aussagekräftig finde ich auch die Abbildung 47. Sie zeigt die Korrelation zwischen dem US Economic Policy Uncertainty Index und der Volatilität des S&P 500. Es ist zu sehen, dass der US Economic Policy Uncertainty Index bei den großen Kriegen und Krisen jeweils auf einem Höhepunkt war. Zurzeit scheint er wieder ähnlich hoch zu sein. Es fällt auch auf, dass die beiden Indizes nie weiter auseinander lagen als heute. Hier kann man deutlich sehen, wie sehr die expansive Geldpolitik der Zentralbanken den S&P 500 beflügelt und somit seine Volatilität niedrig hält. Wie künstlich dieses Szenario doch ist, sieht man nun eindeutig. Wie zuvor erwähnt, erwarte ich Mitte des Jahres eine Steigerung der Volatilität. Die politische und ökonomische Lage rechtfertigt meiner Meinung nach nicht die aktuelle Gelassenheit an den Märkten. Die erhöhte Volatilität sollte dann zumindest für eine Korrektur sorgen, wenn nicht sogar für mehr ...

---

[63] Quelle: https://www.guggenheiminvestments.com/getattachment/Page-Types/Sector-Views/Tight-Spreads-Breed-Concerns/High-Yield-Spreads-Are-Highly-Correlated-to-Implied-Equity-Volatility.png.aspx

Exhibit 26: Sharp increases in policy uncertainty can drive volatility but the two are not trending together

US economic policy uncertainty index vs. S&P 500 12-month realised volatility

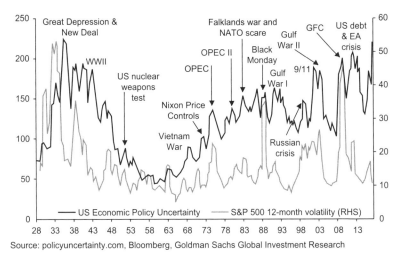

Source: policyuncertainty.com, Bloomberg, Goldman Sachs Global Investment Research

Abbildung 47: US Economic Policy Uncertainty Index versus Volatilität S&P 500[64]

Was funktioniert nicht?

Ich bin mir vollkommen bewusst, dass man nicht alle Produkte in den folgenden Bereichen abstrafen sollte, da es immer wieder Ausnahmen gibt, die die Regel bestätigen. Nicht jeder Junk-Bond wird in einer schweren Krise abgestraft und führt zu herben Verlusten. Einigen wenigen Mischfonds könnte es gelingen, mit perfektem Timing vor einem Crash alle riskanten Positionen in sicheres Bargeld umzuschichten. Es geht mir auch nicht darum, hier eine Doktorarbeit zu den Vor- und Nachteilen dieser Anlagekategorien zu schreiben.

---

[64] Quelle: https://heisenbergreport.files.wordpress.com/2017/06/spreadpolicyrealizedvol.png?w=700

Entscheidend für diese kritische Stellungnahme sind die meistens sehr hohen und wenig transparenten Kosten in einem Minimalzins-Umfeld bei historisch hohen Bewertungen und einer eklatanten Verschuldung der öffentlichen Hand, der Unternehmen und der privaten Haushalte.

Long-Positionen in Aktien ohne Absicherungen und Aktienfonds

Ich bin fest der Meinung, dass Aktien und Aktienfonds mittelfristig ein bestenfalls mittelmäßiges Chance-Risiko-Verhältnis bieten. Bei aktiv gemanagten Fonds entstehen zum Teil direkte, schwer erkennbare Kosten von mehr als 2 Prozent. Passive Fonds sind zwar in der Regel günstiger, bilden aber in den meisten Fällen Index-Bewertungen ab und können sich somit per Definition, im Gegensatz zu inversen ETFs, nicht wesentlich von negativen Allgemeintrends absetzen. Bei geringen Marktschwankungen kann man Aktien-Portfolios recht günstig über Futures und Put-Optionen absichern. Ich teile die Meinung des hoch angesehenen Hedgefonds-Managers und Buchautors Nassim Taleb, dass jeder, der jetzt noch in Aktien ohne Absicherung investiert ist, ein extrem hohes Risiko eingeht. Dazu kommt, dass in einem ausgeprägten Crash mehr als 90 Prozent der Aktien starke Verluste erleiden. Es ist nahezu unmöglich, in diesem Umfeld Gewinner-Aktien zu finden. Glauben Sie niemandem, der Ihnen etwas anderes erzählt. Bestenfalls verlieren Sie weniger Geld als andere Investoren. Die Philosophie kaufen und halten oder über Aktiensparpläne Positionen aufzubauen, halte ich in dieser Marktphase für unangebracht, denn wir könnten vor einer langjährigen Baisse oder einer japanischen Sklerose stehen.

(Junk-)Bonds und Anleihefonds

Ich bin insgesamt kritisch, was 90 Prozent der Anleihen betrifft. Im Junk-Bond-Bereich, der mittlerweile wesentlich größer ist als die Junk-Bonds der Subprime-Krise, sehe ich jedoch noch größere Risiken. Auf der Jagd nach hohen Zinserträgen akzeptieren Investoren Renditen, die in keinem Zusammenhang zu den inhärenten Risiken dieser Schrottanleihen stehen. Dazu später mehr. Mittlerweile ist es eindeutig, dass das durch die Zentralbanken erzeugte Geld-Doping die aktuell größte Determinante der Aktien- und Anleihekurse ist. Ende Juni 2017 gab es dafür wieder einmal eine Bestätigung. Der DAX schwächelte, weil Draghi, Chef der EZB, verkündete, dass die Geldmenge in Europa nicht endlos gesteigert werden werde. Ich bin mir sicher, dass die Märkte stark fallen werden, wenn die wesentlichen Zentralbanken aufhören, Unmengen an Geld in die Märkte zu pumpen.

Investitionen in krisenanfällige und zyklische Sektoren

Stark zyklische Unternehmen mit einer schwachen Position innerhalb ihrer Branche, meistens auch noch hoch verschuldet, sind in einer Wirtschaftskrise besonders gefährdet. Sie haben aktuell aus meiner Sicht nichts in konservativen und risikoaversen Investment-Portfolios zu suchen. Wie in den beiden bereits erwähnten Anlagekategorien suchen wir auch in diesem Bereich nach Kandidaten für einen Leerverkauf. Entscheidend sind auch riskante branchenspezifische Entwicklungen wie zum Beispiel die enormen Herausforderungen, denen sich zurzeit die Automobil-Hersteller und ihre Zulieferer stellen müssen: Elektroautos, autonomes Fahren, Car-Sharing und so weiter. Ähnlich skeptisch sehe ich den stationären Einzelhandel, der stark unter dem Amazon-Verdrängungseffekt leidet, oder die traditionellen Printmedien, deren Kunden und Anzeigenaufträge schwinden.

Mischfonds

Ich habe die Performance der deutschen Mischfonds und Aktienfonds seit 1970 analysiert. In den großen Crashs gab es keinen einzigen Fonds, der von den großen Krisen profitiert hat oder zumindest seinen Wert einigermaßen halten konnte. Glauben Sie niemandem, der behauptet, dass jener Fonds, den Sie halten oder kaufen wollen, definitiv unbeschadet durch die Krise kommt. Im besten Fall verlieren Sie weniger als der Markt. Nur machen relativ geringere Verluste Sie auch nicht reich.

Immobilien

Immobilien stehe ich zurzeit skeptisch gegenüber. Das bedeutet aber nicht, dass es nicht auch durchaus attraktive und weniger zyklische Teilbereiche auf dem Immobilienmarkt gibt: Altenpflege, Palliativstationen oder Hospize. Auch Menschen mit sicheren Jobs können die aktuelle Niedrigzinsphase für Immobilien-Investments nutzen. Bei langfristigen Finanzierungen von zwei Prozent sollte die Mietrendite nicht unter 5 Prozent liegen, andernfalls machen Ihnen Leerstände zu schaffen. Wichtig ist, dass Sie als Immobilien-Investor auch finanziell sehr stabile Mieter haben. Des Weiteren sollte die Region, in der Sie investieren, wirtschaftlich prosperieren; dort sollte nicht mehr gebaut werden als benötigt wird. Falls Sie zu denjenigen gehören, die ein Eigenheim finanzieren wollen, sollten Sie ähnlich vorgehen: Wenn Ihre Mietkosten deutlich über den Hypothekenzinsen liegen und die Immobilie deutlich unter dem Marktwert oder noch besser unter dem Wiederbeschaffungswert erworben werden kann, dann spricht einiges für einen Erwerb. Noch besser ist es, wenn Sie in einer Wachstumsregion investieren, in der die großen Arbeitgeber nicht in zyklischen Bereichen tätig sind. Rechnen Sie nicht mit garantierten Wertsteigerungen, sondern vergleichen Sie die Mieteinnahmen mit den Zins- und Instandhaltungskosten. Achten Sie zudem haargenau auf die Nebenkosten und rechnen Sie sich lieber arm statt reich. In einer anhaltenden Wirtschaftskrise wird die Mehrzahl der Immobilien im Wert fallen. Die »Carry Trader« profitieren derweil von den niedrigen Zinsen. Das können Sie auch. Sie müssen sich aber intensiv mit den Chancen, den verschiedenen Anlagemöglichkeiten und den Risiken beschäftigen.

Kapitallebensversicherungen und Riester-Renten

In dieser Produktkategorie sind die Management- und Vertriebsgebühren in der Regel extrem hoch. Bei niedrigen Zinsen beziehungsweise bei einer schwachen Kursentwicklung zahlen Sie drauf. Außerdem liegen die Garantiezinsen mit einem halben Prozent unter der aktuellen Inflation. Finger weg.

Bausparverträge

Wie sollen Bausparverträge bei den aktuellen Minimalzinsen und mit sowohl hohen als auch oft intransparenten Kostenstrukturen einen ordentlichen Mehrwert bieten? Ich halte sehr viel vom Sparen, aber das Geld muss auch profitabel investiert werden. Das ist aus meiner Sicht bei Bausparverträgen nicht gegeben.

Entscheidend ist doch, dass Sie das Krisenpotenzial als Chance und nicht als Bedrohung sehen. Warum sollten Sie sich in eine lange Schlange von Opfern einreihen, wenn Sie die Krise überstehen und vielleicht sogar davon profitieren könnten? Ihre Familie und Ihre Freunde würden sich freuen, wenn Sie sicher durch die Krise kämen.

Was sollte in einer langwährenden Krise funktionieren?

Falls Sie mit den beschriebenen Finanzprodukten nicht vertraut sind, schauen Sie bitte in den Anhang dieses Buches. Dort finden Sie genauere Erläuterungen zu den jeweiligen Werkzeugen. Lassen Sie sich nicht abschrecken, diese sind letztlich alle nur Mittel zum Zweck. Investieren Sie aber nur in Finanzprodukte, die Sie voll und ganz verstehen.

Alle Analysen beziehen sich auf den Stand vom Juli 2017. Beachten Sie bitte den Disclaimer am Anfang des Buches.

Gold und Silber – mit Hirn

Empirische Analysen belegen, dass Gold sich am besten entwickelt, wenn die Zinsen deutlich unter der Inflationsrate liegen oder wenn gerade eine relevante Krise im Gange ist. Da Gold aber mittlerweile zu einem derartig hohen Anteil verbrieft ist, muss der Investor in einem Crash, wie bereits 2008 erkennbar war, von kurzfristig fallenden Goldkursen ausgehen. Nach der circa 30-prozentigen Kurskorrektur, die nach wenigen Monaten wieder vorbei war, stieg der Goldpreis um circa 600 Prozent. Wie sich der Goldpreis seit 2002 entwickelt hat, sehen Sie in Abbildung 48. Der weniger erfahrene Anleger sollte nicht erwarten, dass der Goldpreis im Crash automatisch steigt. Das jedoch sollte trotzdem niemanden davon abhalten, gängige Goldmünzen wie Krügerrand und Maple Leaf in Unzen oder Zehntelunzen zu erwerben. Es ist denkbar, dass bei einem stark schwindenden Vertrauen in die Leitwährungen plötzlich Goldmünzen und Kryptowährungen wie Bitcoin und Ethereum als Zahlungsmittel an Bedeutung gewinnen. Wie sagte schon J. P. Morgan im Jahr 1912? »Gold is money. Everything else is credit.«

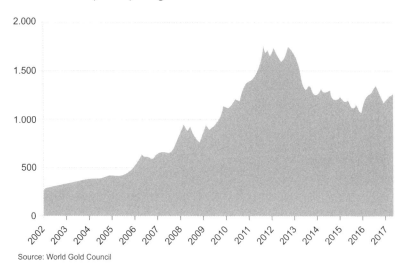

Source: World Gold Council

Abbildung 48: Goldpreisentwicklung[65]

Silber wird in der Industrie verwendet und ist somit zyklischer als Gold. Das weiße Edelmetall eignet sich aber aufgrund seines geringeren Wertes pro Unze noch besser als Zahlungsmittel-Alternative. Entscheidend für die Frage, ob Sic lieber Gold oder Silber kaufen sollten, ist auch die Gold-Silber-Ratio, was durch die nachfolgende Abbildung 49 verdeutlicht wird. Generell erachte ich physisches Gold und Silber als gute Krisenanlage, vor allem wenn die Zinsen unter der Inflationsrate liegen. Im Gold- Segment präferiere ich große, liquide und physisch hinterlegte Gold-Fonds wie den »ETFS Physical Swiss Gold Shares ETF« (SGOL).

---

[65] Quelle: https://www.trustablegold.com/wp-content/uploads/2017/06/gold-price-chart-web.png

Investment-Strategien

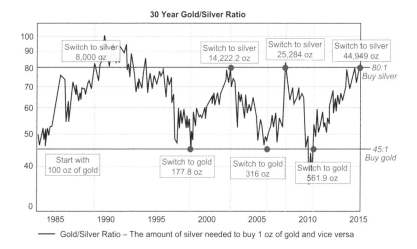

Abbildung 49: Gold-Silber-Ratio[66]

Marktneutrale Fonds

Ich liebe gut gemanagte, marktneutrale Fonds. Diese Fonds korrelieren in der Regel nicht mit den Aktien-, Rohstoff- oder Anleihemärkten. Die historische Rendite der besten marktneutralen Fonds lag nach Steuern immer etwas über der Inflationsrate. In Krisenzeiten erhalten die meisten der gut geführten Fonds ihren Wert. Mit solchen Fonds können Sie fast jede Krise gut überstehen. Viele der besten marktneutralen Fonds verlangen ein Minimum-Investment von einer Million US-Dollar. Für vermögende Investoren gibt es eine gute Auswahl an marktneutralen Fonds. Für Privatanleger gibt es leider nur eine beschränkte Auswahl von bestenfalls mittelmäßigen marktneutralen ETFs.

---

[66] Quelle: http://www.mining.com/wp-content/uploads/2016/03/The-gold-to-silver-ratio1-rule-buy-low-sell-high-30-year-gold_silver-ration.jpg

Bargeld und Währungen (selektiv)

Bei Negativzinsen ist es empfehlenswert, Schweizer Franken physisch aufzubewahren. Das können Sie in einer Schweizer Lagerstelle, in einem Schließfach oder an einem anderen sicheren Ort machen. Der US-Dollar sollte die letzte Währung sein, die einbricht. Vorher sind andere Währungen wie die Türkische Lira, der brasilianische Real, der kolumbianische Peso oder der japanische Yen gefährdet. Viele Investoren setzen auf den kanadischen und australischen Dollar, aber diese Währungen orientieren sich sehr stark an den Rohstoffpreisen und der chinesischen Nachfrage. Hier wäre ich vorsichtig. Bei der indischen Rupie bin ich nach der guten Performance (Zinserträge und Kursgewinne gegen den Euro) seit der Veröffentlichung von *Endspiel* eher neutral. Trotz der relativ hohen Zinsen stimmt mich die Attacke auf das Bargeld in Indien skeptisch. Zudem ist die Verschuldung des Landes in Höhe von 70 Prozent der Wirtschaftsleistung langfristig ungesund.[67] Besser gefällt mir der Neuseeland-Dollar. Die Wirtschaft ist eher durch den Nahrungsmittelsektor als durch Rohstoffexporte geprägt. Neuseeländische Unternehmensanleihen rentieren zum Teil mit 5 Prozent, die zehnjährigen Staatsanleihen mit 3 Prozent. Die Verschuldungsquote des Landes, sprich das Verhältnis von Nettoschulden zum Bruttoinlandsprodukt, lag 2016 bei sehr attraktiven 25 Prozent.[68] Die größten langfristigen Risiken in Neuseeland sind aus meiner Sicht ein massives Erdbeben und ein überhitzter Immobilienmarkt.

Eines müssen Sie trotzdem beachten: In jeder Krise flüchtet das Kapital in den vermeintlich größten und sichersten Hafen. Es könnte also sein, dass von einer weltweiten Krise der Yen und der US-Dollar eine Zeit lang überproportional profitieren, obwohl die Haushalts- und Schuldenbilanzen der USA und Japans wesentlich schlechter sind

---

[67] Quelle: https://tradingeconomics.com/india/government-debt-to-gdp
[68] Quelle: https://tradingeconomics.com/new-zealand/government-debt-to-gdp

als die neuseeländische. Das würde mich eher dazu motivieren, meine Neuseeland-Dollar-Position aufzustocken. Mittel- und langfristig empfehle ich, vor allem bei Schwäche, Neuseeland-Dollar zu akkumulieren und den Yen sowie die Türkische Lira zu shorten.

Auch die russische Staatsbilanz ist mit einer Verschuldungsquote von nur 17 Prozent erstklassig, nur ist die russische Wirtschaft extrem rohstofflastig.[69] Entsprechend sind russische Anleihen mit mehr Vorsicht zu genießen als neuseeländische. Die norwegische Nettoverschuldung ist ebenfalls relativ gering. Das Land verfügt zwar über prall gefüllte Pensionskassen, aber die Wirtschaft ist extrem zyklisch. Damit Sie die Relevanz der Staatsverschuldung besser verstehen, habe ich in Abbildung 50 eine entsprechende Tabelle für Sie eingefügt.

Staatsverschuldung zu Bruttoinlandsprodukt der G20-Länder plus Neuseeland

Hier erkennen Sie, wie tief verschuldet Länder wie die USA, Italien und Japan sind. Solange der US-Dollar die Weltleitwährung bleibt, machen mir die US-Staatsschulden weniger Sorgen als die der Europäischen Union und Japans.

Letztlich sollten Sie mit den richtigen Währungen plus etwas Gold, Silber, Bitcoins und Ether, der Währung von Ethereum, relativ sicher durch die Krise kommen. Optimalerweise bunkern Sie Ihre physischen Notfallreserven in solventen außereuropäischen Ländern. Wenn die Börsen den Tiefstand erreicht haben, können Sie mit ihrem Bargeldbestand erstklassige Schnäppchen erwerben. Selektiv spricht einiges für hochwertige Immobilien in Regionen, die von einer globalen Krise kaum betroffen sein dürften.

---

[69] Quelle: https://tradingeconomics.com/russia/government-debt-to-gdp.

Erfolg im Crash

	Last		Previous	Highest	Lowest		
Japan	250.40	Dec/16	248	250	50.6	%	Yearly
Italy	132.60	Dec/16	132	133	90.5	%	Yearly
United States	106.10	Dec/16	101	119	31.7	%	Yearly
Spain	99.40	Dec/16	99.8	100	16.6	%	Yearly
France	96.00	Dec/16	95.6	96	20.7	%	Yearly
Canada	92.30	Dec/16	91.6	101	45.3	%	Yearly
United Kingdom	89.30	Dec/16	89	89.3	31.3	%	Yearly
Euro Area	89.20	Dec/16	90.3	92	65	%	Yearly
India	69.50	Dec/16	69.6	84.2	66	%	Yearly
Brazil	69.49	Dec/16	65.45	69.49	51.27	%	Yearly
Germany	68.30	Dec/16	71.2	81	54.7	%	Yearly
Netherlands	62.30	Dec/16	65.2	73.6	42.7	%	Yearly
Mexico	47.90	Dec/16	43.2	47.9	17.1	%	Yearly
China	46.20	Dec/16	42.6	46.2	20.4	%	Yearly
Australia	41.10	Dec/16	37.6	41.1	9.7	%	Yearly
South Korea	38.60	Dec/16	37.8	38.6	8.24	%	Yearly
Switzerland	32.60	Dec/16	33.4	51.6	25.1	%	Yearly
Turkey	28.30	Dec/16	27.5	76.1	27.5	%	Yearly
Indonesia	27.90	Dec/16	26.9	87.43	22.96	%	Yearly
Russia	17.00	Dec/16	15.9	92.1	7.4	%	Yearly

	Last		Previous	Highest	Lowest		
New Zealand	24.60	Dec/16	25.1	54.8	4.4	%	Yearly

Abbildung 50: Staatsverschuldung im Verhältnis zum BIP[70]

Hinweis: Hilfreiche Informationen zu diesem Thema finden Sie im Anhang dieses Buches.

---

[70] Quelle: https://tradingeconomics.com/country-list/government-debt-to-gdp

Wertschöpfer und Wertzerstörer

Wir wollen grundsätzlich günstige Wertschöpfer kaufen und teure Wertzerstörer leerverkaufen. Wertschöpfende Unternehmen zeichnen sich in erster Linie dadurch aus, dass sie eine Eigenkapitalrendite erwirtschaften, die deutlich und regelmäßig über den Kapitalkosten liegt, mit denen sich ein Unternehmen finanziert. Wertschöpfer sind dafür bekannt, dass sie nur sehr selten Kapitalerhöhungen durchführen, da sie sich über den eigenen Cashflow oder über günstige Kredite und Anleihen finanzieren. Bei der Ermittlung der Kapitalrendite bevorzuge ich die Cashflow-Rendite, die in einer Zahl ausdrückt, wie viel Cashflow das Unternehmen jedes Jahr relativ zum Eigenkapital generiert. Diese Rendite vergleiche ich mit den Kapitalkosten. Bei Fielmann lag die Cashflow-Rendite 2016 bei sensationellen 32 Prozent. Die Kapitalkosten liegen gemäß meiner Berechnung bei durchschnittlich 7 Prozent. Auf dieser Basis hat Fielmann im letzten Jahrzehnt immer seine Kapitalkosten verdient. Den Überschuss hat die Gesellschaft entweder in das Wachstum des Unternehmens investiert oder ständig steigende Dividenden gezahlt. Fielmann wies 2016 eine positive Cashflow-Marge von beeindruckenden 16,4 Prozent aus. Die Cashflow-Marge lässt sich errechnen, indem der Cashflow durch die Umsatzerlöse geteilt wird. Die Fielmann-Bilanz ist zudem mit einer Eigenkapitalquote von über 75 Prozent erstklassig. Im letzten Jahrzehnt gab es keine nennenswerte Kapitalerhöhung. Das bedeutet, dass der Aktionär nicht zur Kasse gebeten wurde. Im Gegenteil: Der langfristige Anleger hat in dieser Zeitspanne über 13 Euro pro Aktie an Dividenden kassiert. Zusätzlich stieg der Aktienkurs im letzten Jahrzehnt um 49 Euro. Inklusive der Dividenden ergibt dies einen Gesamtertrag von 62 Euro gegenüber einem Kaufpreis von 18 Euro pro Aktie im Sommer 2006. Aus einem Investment von 18.000 Euro sind bei Fielmann-Aktionären, die das Papier entsprechend lange gehalten haben, 80.000 Euro geworden.

Als Beispiel für einen Wertzerstörer nehmen wir die Deutsche Bank. Im Jahr 2016 hat die Deutsche Bank einen Nettoverlust von 1,4 Milliarden Euro erwirtschaftet.[71] Wertzerstörer sind auf lange Sicht im Gegensatz zu den Wertschöpfern kein gutes Investment, denn sie erwirtschaften eine Rendite, die unter ihren Kapitalkosten liegt. Das mag in den Bilanzen nicht sonderlich zum Vorschein kommen, doch sollten Sie sich dessen bewusst sein, dass in einem solchen Fall permanent Geld vernichtet wird. Sie selbst werden schließlich auch nicht erfolgreich sein, wenn Sie sich Geld für 10 Prozent beschaffen und es dann für 8 Prozent anlegen. Über einen längeren Zeitraum ist es von zentraler Bedeutung, ob das Unternehmen, in das Sie investieren, permanent Geld vernichtet oder permanent Geld verdient. Die Deutsche Bank ist seit einigen Jahren nicht mehr in der Lage, ihr Geld gewinnbringend einzusetzen und so einen Mehrwert für ihre Aktionäre zu schaffen. Es geht bei der Suche nach guten Unternehmen letztendlich darum, Unternehmen zu finden, die Ihr Geld gewinnbringender einsetzen können, als Sie es selbst könnten. Aufgrund von deren Vermögenswerten, Prozessen, Patenten, Technologien, Mitarbeitern und weiteren Faktoren ist dies bei einem guten Management möglich. Im Falle der Deutschen Bank trifft dies allerdings nicht mehr zu. Sie hat vielmehr mit Anklagen, Management-Problemen, neuen Compliance-Vorschriften und einem angeschlagenen Branchenumfeld zu kämpfen und kann sich nicht auf ihre Kernkompetenzen fokussieren, durch die das Institut über Jahrzehnte ihren Investoren einen Mehrwert bieten konnte. Diese vielen neuen Störfaktoren machen die Deutsche Bank zurzeit zu keinem guten Investment. Im Vergleich zu früher beträgt die Dividende inzwischen nicht mehr über 4 Euro, sondern nur noch 0,19 Euro pro Aktie. Insgesamt wurden seit 2007 pro Aktie 9,69 Euro ausgeschüttet, inklusive der Dividende von 4,50 Euro im Jahr 2007. Für das Geschäftsjahr 2015 wurde ganz auf eine Dividende verzichtet.

---

[71] Quelle: http://www.handelsblatt.com/finanzen/banken-versicherungen/deutsche-bank-chef-john-cryan-wir-moechten-uns-entschuldigen/19334254.html

Im letzten Jahrzehnt ist der Aktienkurs von 90 Euro auf 16 Euro gefallen. Dazu kommt, dass die Deutsche Bank in den letzten zehn Jahren zahlreiche Kapitalerhöhungen vornahm, was den Wert der bestehenden Aktien verwässerte. Die Eigenkapitalquote beträgt außerdem nur 3,76 Prozent. Sie können Ihr Geld gewinnbringender und wertschöpfender investieren als in dieses Wertpapier. Wir wollen auf lange Sicht ausschließlich in Unternehmen investieren, die tagtäglich mit ihren Geschäftspraktiken wertschöpfend agieren, nicht wertzerstörend. Dabei spielt der Aktienkurs nur eine untergeordnete Rolle. Terry Smith sagt in diesem Zusammenhang immer wieder: »Ich kaufe lieber ein großartiges Unternehmen zu einem durchschnittlichen Preis als ein durchschnittliches Unternehmen zu einem großartigen Preis.«

ETFs und inverse ETFs

ETFs, also Exchange Traded Funds, sind passive Fonds, die keinem aktiven Management unterliegen. Sie können Indizes abbilden und erlauben es dem Anleger, kostengünstig in den jeweiligen Index zu investieren. Grundsätzlich sind ETFs wahrscheinlich besser als 98 Prozent der aktiv gemanagten Fonds, doch letztlich performen sie aufgrund der Kosten stets schlechter als der zugrunde liegende Index. Sie können deshalb den Index niemals übertreffen. Inverse ETFs korrelieren hingegen negativ mit ihrem Index und bieten deshalb eine äußerst gute Möglichkeit, von angeschlagenen Indizes zu profitieren. Mittlerweile gibt es über 150 inverse ETFs. Neben (inversen) Aktien-ETFs gibt es (inverse) ETFs, die Rohstoffe, Anleihen, Währungen, Volatilität und vieles weitere abbilden. Aus meiner Sicht sind inverse ETFs die einfachste Art, von sinkenden Kursen zu profitieren. Mit einem Sparplan können Sie über einen größeren Zeitraum Ihre Position aufbauen und selbst entscheiden, ob Sie damit Ihr bestehendes Long-Portfolio absichern möchten oder speziell auf sinkende Kurse spekulieren wollen. In Einzelwerte kann auf diese Weise hingegen nicht investiert werden. Achten Sie bei der Auswahl auch immer auf den Hebel (Leverage) des ETFs, der angibt, wie stark der ETF auf Kursveränderungen des zugrunde liegenden Index reagiert.

Eine gute Übersicht über inverse ETFs finden sie unter der folgenden Webseite:

http://etfdb.com/screener/#inverse=true

Hinweis: Hilfreiche Informationen zu diesem Thema finden Sie im Anhang dieses Buches.

Long / Short Aktien (Strategien)

Ich möchte es Ihnen ja einfach machen. Am liebsten würde ich nur Kaufempfehlungen aussprechen. Sie müssten dann nur bei einem Onlinebroker die Kauforder aufgeben und könnten sich entspannt zurücklehnen. Sie müssten auch nichts dazulernen. Leider tue ich mich mit Kaufideen aktuell viel schwerer als mit Verkaufsideen. Im Allgemeinen sind wir immer auf der Suche nach günstigen Wertschöpfern und teuren Wertzerstörern. Diese zu identifizieren, erfordert ein hohes Maß an Recherche. Dies können Sie sich zwar mit einem Index-ETF ersparen, jedoch werden Sie den Index nicht übertreffen können. Am besten wäre es, nur die Perlen eines Index zu besitzen und die Schrottwerte leerzuverkaufen. Es gibt unterschiedliche Instrumente, wie etwa inverse ETFs, Optionen, Short CFDs, Short Futures sowie Leerverkäufe, um von fallenden Kursen zu profitieren. Wenn Sie von der Krise profitieren wollen, müssen Sie sich in diesen Themen weiterbilden, daran führt kein Weg vorbei. Dann haben Sie einiges gemeinsam mit den reichsten Menschen auf diesem Planeten. Warren Buffett, Mark Zuckerberg, Jeff Bezos, Bill Gates und viele andere verbringen einen Großteil ihres Arbeitstages mit Lektüre und Weiterbildung. Buffett, der nach eigenen Angaben circa 600 bis 1000 Seiten am Tag liest, schätzt den Anteil seines Lesepensums an der täglichen Arbeit auf rund 80 Prozent ein. Wenn Sie dieses Buch durchgelesen und verstanden haben, sind Sie jedenfalls auf einem guten Weg.

Hinweis: Hilfreiche Informationen zu diesem Thema finden Sie im Anhang dieses Buches.

Long / Short-Pair-Trading und Leerverkäufe

Vergessen Sie niemals, dass Börsenkurse meistens zukünftige Erwartungen beinhalten. Um wirklich erfolgreich zu sein, muss ich nicht nur die Long- und Short-Positionen besser analysieren und verstehen als der Markt, sondern ich muss auch tief in die Analyse der Risikofaktoren einsteigen. Ich muss mir durch intensive Recherche oder durch quantitative Modelle ein besseres Wissen aneignen, als der Gesamtmarkt es hat. Pair-Trading ist ein vielversprechender Anlagestil, bei dem man generell short in einem oder mehreren Werten ist und long auf deren »Pairs«. Zudem beinhaltet Pair-Trading oft eine technische Analyse. Long- und Short-Pair-Trading sowie erfolgreiche Leerverkäufe gelten in der Hedgefonds-Szene als Königsdisziplin. Um in diesen Bereichen zu reüssieren, sollten Sie sich weiterbilden. Ein guter Anfang wäre die Basislektüre des Buches *Die Kunst des Leerverkaufes*, meines Bestsellers zum gleichnamigen Thema, den Sie über Amazon erwerben können.

Hinweis: Hilfreiche Informationen zu diesem Thema finden Sie im Anhang dieses Buches.

Optionsstrategien

Der Preis von Optionen ergibt sich aus dem Angebot und der Nachfrage, aber auch aus komplexen Berechnungen der historischen Volatilität zum Beispiel anhand des Black-Scholes-Modells. Erfahrenen Börsianern ist es bewusst, dass mindestens 80 Prozent der simplen Kauf-Optionen (Calls) und Verkaufs-Optionen (Puts) wertlos verfallen. Trotzdem nutze ich seit 40 Jahren Optionen, um Aktien günstiger zu erwerben oder um regelmäßig Optionsprämien einzustreichen. Wie geht das?

Ende 2016 stand die Aktie von Fresenius Medical Care (FMC) bei 70 Euro. Ich war damals aus analytischen Überlegungen heraus dazu bereit, 100 FMC-Aktien zu erwerben, allerdings nur zu einem Kurs von nicht mehr als 62 Euro pro FMC-Aktie. Dies entsprach dem 17-Fachen des Nettogewinns, eine Bewertung, die ich für attraktiv hielt. Also verpflichtete ich mich, am Optionsmarkt ein Jahr lang 100 FMC-Aktien zu einem Preis von 70 Euro zu beziehen, was einen Short Put mit Strikepreis 70 Euro darstellt. Für diese Verpflichtung erhielt ich eine Prämie von 8 Euro pro Aktie, also 800 Euro. Innerhalb der Jahresfrist fiel die FMC-Aktie nicht mehr unter meinen Break-Even-Punkt von 62 Euro, sondern stieg stattdessen auf 85 Euro. Hätte ich die FMC-Aktie bei 70 Euro gekauft, dann hätte ich durch den Kursgewinn 1.500 Euro verdient. Trotzdem bin ich nicht traurig, obwohl ich nur 800 Euro verdient habe. Meinen Cash hatte ich in Neuseeland-Dollar investiert und damit einen fetten Währungsgewinn und ordentliche Zinsen von circa drei Prozent kassiert. Im schlimmsten Fall hätte ich die FMC-Aktien bei 70 Euro kaufen müssen, wenn der Inhaber des Puts sein Verkaufsrecht wahrgenommen hätte. Das hätte mich aber nicht wirklich gestört, denn mein bereinigter Kaufpreis wäre durch den Erhalt von 8 Euro nur 62 Euro gewesen. Folglich hätte ich nur bei einem FMC-Kurs von deutlich unter 62 Euro ein schlechtes Geschäft gemacht. Besonders gestört hätte mich das allerdings nicht, da ich die FMC-Aktie bei einem Kurs um 62 Euro für einen attraktiven langfristigen Depotwert hielt.

In einem anderen Fall hatte ein Kunde im März letzten Jahres 100 Aktien der Münchner Rück in seinem Depot. Der Kurs stand Ende April 2016 bei 160 Euro. Der Kunde war sich nicht sicher, ob er die Aktie auf diesem Niveau halten oder verkaufen sollte. Der Kunde hatte Münchner Rück hauptsächlich wegen der hohen Dividendenrendite erworben, hatte aber Angst vor einer Börsenkorrektur. Die Dividende lag damals bei 8,25 Euro. Das entsprach einer Dividendenrendite von über 5 Prozent. Verkaufen wollte er aber auch nicht. Also machte ich mich über die Eurex-Optionsbörse schlau und sah, dass man eine einjährige Call-Option für 100 Münchner Rück Aktien für 9 Euro mit einem Strikeprice von 160 Euro verkaufen konnte, sprich einen Short Call mit Strikeprice 160 Euro. Das entsprach einem Ertrag von 900 Euro und kam damals einer jährlichen Prämie von 5,6 Prozent (9 Euro geteilt durch 160 Euro) gleich. Mein Kunde verpflichtete sich also, seine Aktien der Münchner Rück für 160 Euro bei Ausübung der Option zu verkaufen. Diese Option verfiel nicht wertlos. Die Münchner Rück Aktie lag innerhalb der einjährigen Optionsfrist oft über 160 Euro und der Inhaber der Call-Option machte von seinem Kaufrecht Gebrauch. Trotzdem war der Kunde zufrieden. Er hatte die Dividende von 8,25 Euro pro Aktie im Mai 2015 kassiert, sowie eine Optionsprämie von 9 Euro pro Aktie, also insgesamt 17,25 Euro.

Hinweis: Hilfreiche Informationen zu diesem Thema finden Sie im Anhang dieses Buches.

Adjusted Floating Rate Notes
(FRN, variabel verzinsliche Anleihen)

Qualitativ hochwertige, variabel verzinsliche Anleihen sind ein attraktives Anleiheprodukt in einem inflationären Umfeld. Das liegt daran, dass die Zinszahlungen sich meistens an der Inflation oder an Geldmarktsätzen wie dem LIBOR (London Interbank Offered Rate) oder dem EURIBOR (European Interbank Offered Rate) orientieren und regelmäßig angepasst werden. Nach Ablauf von beispielsweise drei, sechs oder zwölf Monaten wird zum Zeitpunkt der Zinszahlung der Zinssatz für die neue Zinsperiode festgelegt. Es gibt circa zehn Floating-Rate-Note-ETFs. In einer nicht ganz perfekten FRN-Welt gefällt mir der »iShares Floating Rate Bond ETF« (FLOT) sowie der »SPDR Barclays Capital Investment Grade Floating Rate ETF« (FLRN), zum Teil auch wegen der extrem niedrigen Kosten von 0,20 Prozent und 0,15 Prozent.

Der Nachteil vieler FRNs, die sich an Inflations-Indizes orientieren, ist, dass die Inflationsrate wissentlich falsch kalkuliert und untertrieben wird. In vielen Fällen liegt die staatlich ausgewiesene Inflation unter der realistischen Inflation. Ein Nachteil der Floating Rate Notes, die sich an Geldmarktsätzen orientieren, besteht darin, dass sie nicht ausschließen können, dass die Geldmarktsätze für lange Zeit unter der staatlich ausgewiesenen Inflation liegen. Allgemein gilt, dass man einerseits auf die Emittenten dieser FRNs achten sollte und andererseits die Portfolio-Holdings dieser ETFs genauer inspizieren sollte. Ich rate, in diesem Umfeld nicht in einen ETF mit qualitativ minderwertigen FRNs zu investieren.

Eine weitere Kategorie, die mir insgesamt gut gefällt, sind garantierte Infrastruktur-Kredite oder Infrastruktur-Anleihen. Nicht selten liegt die garantierte Verzinsung dieser Kredite oder Anleihen deutlich über der Inflation oder der Verzinsung von Staatsanleihen. Der Zugang zu diesem Bereich ist für Kleinanleger jedoch relativ beschränkt.

Hinweis: Hilfreiche Informationen zu diesem Thema finden Sie im An-hang dieses Buches.

Zinsfutures

Nassim Taleb sagte einmal, dass »derjenige, der zum richtigen Zeit-punkt mit einem großen Hebel die Zinsfutures shortet oder die perfekte Put-Options-Strategie fährt, nicht nur vermögend, sondern extrem reich werden kann, reich genug, um einen eigenen Jet zu be-sitzen«. So verrückt sich dieses Zitat anhören mag, ganz abwegig ist es nicht. Eines Tages könnten die Zinsen massiv steigen und von na-hezu null Prozent relativ schnell auf 10, 20, 30 oder vielleicht sogar mehrere 1000 Prozent gehen. Das nennt man Hyperinflation. Das Thema ist bestens dokumentiert und tritt weltweit immer wieder auf, zurzeit in Venezuela. Wer zu diesem Zeitpunkt mit sehr großem He-bel bestens positioniert ist, kann tatsächlich mit einem Investment von 20.000 Euro ein Millionenvermögen verdienen. Bei einer galop-pierenden Inflation brechen auch die Währungen ein. George Soros hat in einem solchen Umfeld mit seiner Wette gegen das Britische Pfund Milliarden verdient.

Hinweis: Hilfreiche Informationen zu diesem Thema finden Sie im An-hang dieses Buches.

Aktienindex-Futures

Eines möchte ich Ihnen unbedingt mitteilen: Eine Marktwette ist oft weniger ertragreich und zudem riskanter als eine Baisse-Spekulation auf Einzelwerte oder Branchen. Es ist schließlich einfacher, die Ker-naspekte von Unternehmens-Entwicklungen zu bewerten als ganze Volkswirtschaften und große Aktienindizes. Der amerikanische Aktienindex S&P 500 steigt derzeit nur noch, weil die FANG-Aktien plus Apple überproportional steigen. Ohne diese fünf Werte wäre der US-Aktienindex im letzten Jahr um mehr als 10 Prozent gefallen. In Europa hingegen gibt es diese Outperformer eher weniger. Wenn ein großer Teil Ihrer Aktien aus Deutschland, Frankreich, Italien, Spanien oder Großbritannien kommt, dann kann es durchaus sinnvoll sein, sich über entsprechende Aktienindex-Futures abzusichern. Das zuvor genannte Risiko sollten Sie dennoch stets im Hinterkopf behalten. Investitionen in Aktienindizes funktionieren zwar, aber nur bedingt. Wichtiger als der Blick auf ganze Indizes ist es, gewisse Sektoren und Unternehmen ausfindig zu machen. Meine Investment-Coaching-Kunden haben von meinen Analysen anfälliger Sektoren wie der Automobil-Branche profitiert. Die Börsenkurse meiner Short-Kandidaten Avis und Hertz sind seit einem Jahr jeweils um 15 Prozent beziehungsweise 79 Prozent gefallen, während mein Long-Rohstoffkandidat Kobalt seit einem Jahr um 145 Prozent zugelegt hat. Ich hatte im Gegensatz zu vielen Analysten die Schwäche im amerikanischen Gebrauchtwagen-Segment frühzeitig erkannt. Bei Kobalt hatten meine Recherchen ergeben, dass die stark steigende Nachfrage nach Elektromotoren in Asien und den USA unweigerlich zu einer Preisexplosion führen würde.

Hinweis: Hilfreiche Informationen zu diesem Thema finden Sie im Anhang dieses Buches.

Volatilitätsoptionen

Es gibt Hunderte von hochkomplizierten Finanzprodukten, die eigentlich nur für Vollprofis geeignet sind. Optionen auf Schwankungen an den Aktienmärkten gehören in diesen Bereich. Selbst diese Schwankungen werden in Indizes abgebildet – ich weiß, dass ich mittlerweile aufgrund der Komplexität dieser Anlage-Instrumente riskiere, Sie als

Leser zu verlieren. Lesen Sie trotzdem weiter. Meine Anlageprämisse besteht darin, gerade dann auf steigende Schwankungen zu setzen, wenn sich Investoren pudelwohl fühlen und die Märkte langsam, beständig und ohne Rückschläge steigen. Das ist mehr oder weniger seit Ende 2009 der Fall. Von Mitte 2016 bis Mitte 2017 erreichten die Börsenschwankungen einen historischen Tiefstand. Die Börsenwelt sah rosarot aus, und auch der amerikanische VIX und der deutsche VDAX-NEW notierten auf historischen Tiefständen. Zum gleichen Zeitpunkt verkündete Fed-Chefin Janet Yellen, dass jegliche Wirtschafts- und Börsenzyklen durch ihr brillantes Geldmengen-Management abgeschafft seien. Bingo! Vom 23. Juni bis zum 30. Juni 2017 legte der VDAX-NEW um 27,4 Prozent zu. Der amerikanische VIX, der auf den Schwankungen des Aktienindex S&P 500 beruht, gewann in wenigen Tagen sogar 50 Prozent. Historisch niedrige Schwankungen an der Börse sehe ich seit Jahren als gute Verdienstchance. Es ist zwar nicht ausgeschlossen, dass die Volatilität noch einige Zeit lang auf einem niedrigen Niveau verbleiben kann, aber es ergibt sehr viel Sinn, über einen Zeitraum von einem Jahr mehrmals einen ETF auf den VIX bei besonders niedrigem Level zu erwerben, etwa den »iPath® S&P 500 VIX Short-Term Futures ETN« (VXX). In vielen Fällen, vor allem bei abrupten Abwärtsbewegungen der Aktienindizes, empfiehlt es sich außerdem, Gewinne mitzunehmen. Insgesamt gilt: Beschäftigen Sie sich ausführlich mit der Materie, bevor Sie investieren.

Seit vier Jahrzehnten faszinieren mich extreme Bewertungen und extreme Marktbewegungen. Dabei ist es mir egal, ob diese hoch oder niedrig ausfallen. In der Regel knallt es, oder die Kurse bewegen sich nach oben. Auf jeden Fall kommt früher oder später Musik ins Spiel. Und das heißt nichts anderes, als dass sich in diesem Umfeld mit einem klaren Kopf in recht kurzer Zeit überproportional viel Geld verdienen lässt. Deswegen ist es wichtig, sich die Volatilität zum Freund zu machen und sie auszunutzen, sie also als Chance und nicht als Bedrohung zu sehen.

Hinweis: Hilfreiche Informationen zu diesem Thema finden Sie im Anhang dieses Buches.

Carry Trades

Carry Trades können auch weniger Vermögende durchführen. Manchmal tun sich einige Investoren zusammen, um ein lohnendes Objekt zu erwerben. Ein Coaching-Kunde von mir hat beispielsweise in Nordrhein-Westfalen ein Mietobjekt mit fünf Wohnungen für 300.000 Euro erworben. Die Immobilie hat 300 Quadratmeter vermietbare Fläche, erfordert keine Sanierungen und ist in einem sehr guten Zustand. Das Objekt liegt in einer wirtschaftlich gesunden Region, und die größten Arbeitgeber sind Lebensmittel-Hersteller. Die Bank forderte 10 Prozent Eigenkapital und die Verzinsung des 20-jährigen Darlehens liegt bei zwei Prozent. Alle fünf Wohnungen konnten an Beamte, Lehrer und Angestellte im Lebensmittel-Bereich vermietet werden. Die Immobilie, inklusive einem Grundstück von 1000 Quadratmetern, wurde günstig erworben. Mein Kunde hat somit vor Steuern folgende Rendite:

Kosten der Immobilie inklusive Grunderwerbsteuer, Notarkosten etc.: 300.000 Euro

Eigenkapital: 30.000 Euro

Zinskosten pro Jahr bei 2 Prozent auf 20 Jahre: 6.000 Euro

Mieterträge: 30.000 Euro

Instandhaltungsausgaben/Rücklagen: 6.000 Euro (2 Prozent des Immobilienwertes)

Cashflow vor Steuern und Abschreibungen: 18.000 Euro

Rendite vor Steuern auf das eingesetzte Kapital: 60 Prozent! Das ist die Art und Weise, wie Immobilien als Investment funktionieren, und der Grund dafür, weshalb sie so attraktiv sein können.

Hinzu kommt, dass die Zinskosten, Renovierungskosten und Instandhaltungskosten steuerlich geltend gemacht werden können. Mein Kunde hat die niedrigen Zinsen am Markt vorteilhaft eingesetzt und ist somit zum erfolgreichen »Carry Trader« geworden.

Grundbedürfnisse (Basic Needs)

- Defensive und wenig zyklische Aktien
- Nahrungsmittel, Agrarland und Wasserversorger

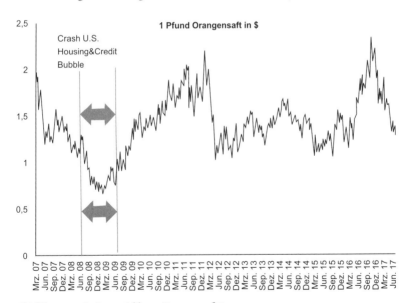

Abbildung 51: Preisentwicklung Orangensaft[72]

---

[72] Quelle: Finanzen.net

- Gesundheits-Dienstleistungen und Pharma-Unternehmen
- Körperpflege, Reinigungs- und Sanitärprodukte
- Tabak und Alkohol

Wie entwickelten sich verschiedene Nahrungsmittel während des Crashs 2008/2009? Ein Beitrag von Herrn Dipl. Kfm. Florian Müller, Blogger von www.boerseinmaleins.de

Die Preise für Orangensaft befanden sich schon vor der Immobilienkrise 2008/2009 im Korrekturmodus und erreichten ihr Tief bereits Anfang 2009, wie Sie in Abbildung 51 sehen. Eine Korrelation zu den Kapitalmärkten ist nicht erkennbar. Im Gegenteil: Seit Ende 2016 beim Hoch von ungefähr 2,30 US-Dollar pro Pfund sank der Orangensaftpreis deutlich um knapp 50 Prozent.

Abbildung 52: Preisentwicklung Weizen[73]

---
[73] Quelle: Finanzen.net

Wie sieht es bei weiteren Nahrungsmitteln aus? Das sehen Sie in Abbildung 52.

Der Weizenpreis befand sich bereits vor Ausbruch der Wirtschaftskrise Mitte 2008 in einem deutlichen Korrekturmodus. Das Tief erreichte Weizen im dritten Quartal des Jahres 2010, als sich die Aktienmärkte in dieser Phase schon längst im Aufschwung befanden. Seit Anfang 2013 befindet sich der Weizenpreis in einer langjährigen Abschwung-Phase, die bis heute andauert. Eine Korrelation zu den Kapitalmärkten ist hier ebenfalls bei bestem Willen nicht ersichtlich.

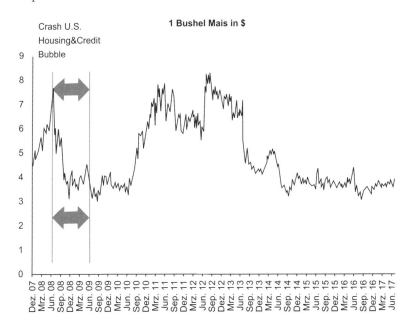

Abbildung 53: Preisentwicklung Mais[74]

---

[74] Quelle: Finanzen.net

Der Maispreis, siehe Abbildung 53, korrelierte hingegen ziemlich genau mit dem Börsencrash 2008/2009, erreichte aber seinen Tiefstand bereits Ende 2008 und stagnierte bis zum dritten Quartal 2010. Die anschließende deutliche Erholung erstreckte sich mit zwischenzeitlich heftigen Schwankungen bis Anfang 2013. Seitdem befindet sich der Maispreis gemessen in US-Dollar ebenfalls in einem Korrekturmodus und entwickelt sich im umgekehrten Verhältnis zu den weltweiten Kapitalmärkten. Eine eindeutige Korrelation ist hier ebenfalls nicht festzustellen.

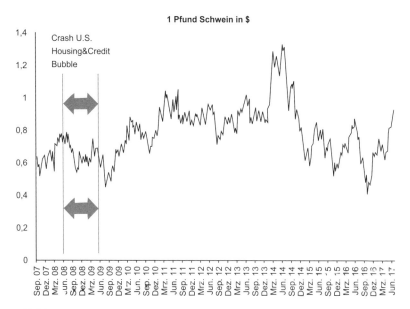

Abbildung 54: Preisentwicklung Schwein[75]

Beim Schweinepreis, welcher ebenfalls an der Börse ermittelt wird, ist – siehe Abbildung 54 – gar keine Korrelation ersichtlich. Nicht einmal während des Börsencrashs 2008/2009 knickte der Kurs ein.

---

[75] Quelle: Finanzen.net

Ein Zusammenhang mit den Kapitalmärkten ist nicht ersichtlich. Beim Schweinepreis spielen andere Faktoren eine viel größere Rolle als wirtschaftliche Rahmenbedingungen oder eine Immobilienkrise. Seit Ende 2009 bewegt sich der Schweinepreis in einer Range zwischen 0,50 und 1,40 US-Dollar pro Pfund. Wie sieht es beim Rind aus? Betrachten Sie dazu Abbildung 55.

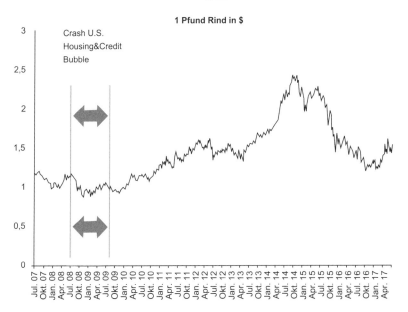

Abbildung 55: Preisentwicklung Rind[76]

Der Preis für ein Pfund Rind zeigt wie beim Schwein keine Überschneidung mit der Weltwirtschaftskrise 2008/2009. Der Kurs hielt sich unbeeindruckt von den Verwerfungen am Kapitalmarkt mit wenig Volatilität in einer schmalen Range zwischen 0,90 und 1,20 US-Dollar während der Krise. Einen sukzessiven, deutlichen Anstieg

---

[76] Quelle: Finanzen.net

verzeichnete der Kurs bis Anfang des Jahres 2015. Seither befinden wir uns wieder in einem Korrekturmodus.

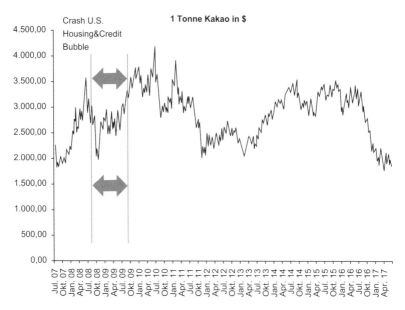

Abbildung 56: Preisentwicklung Kakao[77]

Zuletzt wollen wir den Kakaopreis und dessen Entwicklung während der Krise näher betrachten. Wie in Abbildung 56 zu sehen, knickte der Preis pro Tonne Kakao Mitte des Jahres 2008 für kurze Zeit deutlich ein, von knapp 3.500 US-Dollar pro Tonne auf knapp über 2.000 US-Dollar pro Tonne. Er erholte sich aber sehr schnell schon Ende des dritten Quartals im Jahr 2008. Eine Überschneidung ist hier auch nicht ersichtlich. Im Gegenteil: Seit Ende 2010 befinden wir uns – trotz kurzzeitiger Aufwärtsbewegungen – immer noch in einem Abwärtstrend. Das ist ein weiteres Indiz dafür, dass Nahrungs-

---

[77] Quelle: Finanzen.net

mittel eigene Gesetze bei der Preisbildung prägen. Hier spielen Faktoren wie die klimatische Entwicklung etc. eine Rolle.

Kommen wir zurück zu den bereits genannten Grundbedürfnissen:

- Defensive und wenig zyklische Aktien
- Nahrungsmittel, Agrarland und Wasserversorger
- Gesundheitsdienstleistungen und Pharma-Unternehmen
- Körperpflege, Reinigungs- und Sanitärprodukte
- Tabak und Alkohol

Die oben aufgeführten Anlagekategorien entwickeln sich relativ gut in einem Crash oder in einer Wirtschaftskrise, weil sie tägliche Bedürfnisse abdecken. Dazu gehören Unternehmen wie Henkel, Nestlé, Fresenius, Merck, Procter&Gamble oder Philip Morris. Die deutschen DAX-Werte sind aber nicht mehr günstig und werden mit dem circa 27-fachen Nettogewinn bewertet. Außerdem verlangsamt sich bei vielen dieser Perlen die Ertragsdynamik. Die Dividendenrendite liegt bei den drei DAX-Werten Henkel, Fresenius und Merck bei durchschnittlich 1,1 Prozent. Das Kurs-Gewinn-Verhältnis liegt bei 27. Diese Bewertungen befinden sich auf einem historischen Höchststand.

In diesen defensiven und dynamischen Bereichen gibt es recht viele Wertschöpfer. Sie verfügen fast immer über exzellente Marktstellungen. Wegen ihrer Dominanz in ihren Kernbereichen stellen sie oft exzellente langfristige Investments dar. Sie sollten versuchen, diese Werte günstig zu kaufen, am besten nach starken Börsenkorrekturen oder Crashs. Meine Anlage-Strategie beruht darauf, noch relativ günstige, attraktive Wertschöpfer zu finden. Das ist bei den aktuellen Bewertungen sehr schwer, aber nicht hoffnungslos. Es ist vor allem dann gut möglich, wenn Sie bereit sind, in etwas kleinere Unternehmen oder in Schwellenländer zu investieren.

Wasserversorger und Agrar-Unternehmen wachsen zwar nicht so schnell, sind aber relativ krisensicher, solange sie ihre Preise an die Inflation anpassen können. Auch hier gilt das Prinzip: »Buy low, hold for a long time, collect dividends, sell high.« Achten Sie immer darauf, ob das Unternehmen ein Wertschöpfer oder ein eher zyklischer Wertzerstörer ist.

Alternative Zahlungsmittel

– Bitcoin und Ethereum
– Goldmoney Mastercard
– Vielleicht eines Tages: eine mit Gold hinterlegte Kryptowährung

Sie sollten sich intensiv mit alternativen Zahlungsmitteln beschäftigen. Mittlerweile gibt es weltweit Bitcoin, selbst in Griechenland. Über simple Google-Suchanfragen finden Sie mittlerweile in vielen Ländern Händler, die Bitcoin als Zahlungsmittel akzeptieren. Ein zweites Zahlungsmittel ist Ethereum, wie Bitcoin eine Kryptowährung, die auf der dezentralen und anonymen Blockchain-Technologie basiert. Ethereum ist jedoch technologisch weiter als der Blockchain-Vorreiter Bitcoin und wird deshalb oft als Bitcoin 2.0 bezeichnet. Mittlerweile könnte Ethereum Bitcoin bald als bevorzugte Kryptowährung ablösen. Die Technologie von Ethereum ist bahnbrechend, weil Ethereum die Blockchain-Technologie auf ein neues Level hebt. Durch dezentralisierte Anwendungen bietet sie viel mehr Möglichkeiten als bestehende Kryptowährungen. Während Bitcoin primär als Zahlungsmittel und Wertspeicher dient, können mittels der Ethereum-Blockchain dezentralisierte Applikationen, sogenannte Dapps, von jedermann programmiert werden. Ethereum bietet eine Plattform, ähnlich einem App Store auf dem Smartphone, mit dem Sie Apps herunterladen können. Ether ist die Währung, die auf dieser Plattform verwendet wird. Sogenannte Smart Contracts können einmalig programmiert und auf die Blockchain hochgeladen werden. Diese Smart Contracts können dann eine Menge von sinnvollen Aufgaben übernehmen, für die es nahezu unbegrenzte Möglichkeiten gibt. So wurden bereits dezentralisierte Apps für Zahlungsabwicklungen, Messaging-Dienste, Social Media, Prediction Markets, Crowdfunding, Gambling, vernetzte Supercomputer und für viele weitere Anwendungsmöglichkeiten entwickelt. Die Möglichkeiten sind ähnlich wie bei Smartphone-Apps lediglich durch die Vorstellungskraft ihrer Entwickler begrenzt. Der große Vorteil dieser Smart Contracts besteht darin, dass sie nicht manipulierbar sind. Weiterhin entstehen durch den dezentralen Ansatz sowohl Datenschutz- als auch Sicherheitsvorteile gegenüber den herkömmlichen Plattformen des Internets. Smart Contracts bieten keinen zentralen Angriffspunkt für Cyberattacken; die Benutzer haben immer die volle Kontrolle über ihre Daten. Außerdem reduzieren Smart Contracts die Transaktionskosten enorm, da keine Intermediäre wie Banken mehr benötigt werden. Die Blockchain-Technologie steckt zwar immer noch in den Kinderschuhen, doch meiner Meinung nach hat Ethereum das Potenzial, ähnlich wie das iPhone, das Internet und viele Geschäftsbereiche disruptiv zu revolutionieren. Was mir an Kryptowährungen und dezentralisierten Apps am besten gefällt: Sie bieten einen Mehrwert für den Bürger. Sie sind ein Gegenentwurf zu den monopolistischen Zentralbanken und zu den multinationalen Super-Unternehmen wie Google und Facebook. Sie gewähren ein Stück Freiheit in Zeiten von Bargeld-Abschaffung, Strafzinsen und Datenschutz-Skandalen. Doch es gab auch bei Ethereum schon zwei größere Rückschläge. Mitte 2016 nutzte ein Anwender den Code einer dezentralisierten Organisation aus und entwendete Ether im damaligen Wert von 65 Millionen Euro. Es wurde beschlossen, einen sogenannten Hard Fork (Abspaltung) der Blockchain durchzuführen, um die Transaktion rückgängig zu machen. Dieses Eingreifen wurde in der Szene kontrovers diskutiert, denn ein Herzstück der Kryptowährungen ist schließlich die Abschaffung von Interventionen. Ein zweiter Vorfall ereignete sich Mitte Juni diesen Jahres, als der Handel auf der Tradingplattform (GDAX) der Kryptobörse Coinbase kurzzeitig ausgesetzt wurde. Damals erlitt Ethereum einen Flash-Crash: Der Preis fiel innerhalb von wenigen Sekunden von über 300 US-Dollar auf 10 Cent, bevor er sich sofort wieder stabilisierte. Viele Trader erhielten einen Margin Call, weshalb sie gezwungen waren, zu sehr niedrigen Preisen zu verkaufen. Sie erlitten dadurch massive Verluste. Coinbase gab jedoch im Nachhinein zugunsten der Trader bekannt, dass diese Verluste erstattet würden.

Achten Sie also stets auf die Sicherheit, falls Sie sich dazu entschließen, in Kryptowährungen zu investieren. Überweisen Sie immer erst einen kleinen Betrag, bevor Sie größere Summen transferieren. Richten Sie sich außerdem eine sichere »Wallet« ein und vermeiden Sie häufiges Handeln. Es ist unabdingbar, sich lange mit diesen Technologien zu beschäftigen, bevor Sie sich dazu entschließen, in Kryptowährungen zu investieren. Die aktuelle Blasenbildung nach den unfassbaren Wertsteigerungen von Bitcoin und Ethereum ist sehr ernst zu nehmen. Durch diese massiven Wertsteigerungen in den letzten Monaten und Jahren ist ein Kollaps nicht auszuschließen. Die weitere Entwicklung kann in beide Richtungen gehen und keiner kann sie vorhersehen. Da aus meiner Sicht aber diese Art von Zahlungssystemen und die Anwendung von Smart Contracts und dezentralisierten Apps in hohem Maße zukunftsrelevant sind, müssen Sie sich schlichtweg mit diesen Themen auseinandersetzen. Selbst zu investieren, ist dabei gar nicht so wichtig. Die täglichen Kursschwankungen sind höher als bei allen anderen Anlagekategorien, die ich kenne. Investieren Sie niemals Geld, das Sie nicht verlieren dürfen, und versteifen Sie sich nicht auf einen zu kurzen Anlagehorizont, denn die hohe Volatilität ist bei Bitcoin und Co. ein omnipräsentes Risiko. Nähern Sie sich den neuen Technologien an und versuchen Sie, sie zu verstehen. Ein paar Notgroschen in einer Kryptowährung zu haben, ist sicherlich eine weitere Stütze in Zeiten einer Wirtschaftskrise. Wenn ich noch am Anfang meiner Karriere stünde, würde ich es mir zum Ziel setzen, einer der besten Experten für Kryptowährungen zu werden. Sie können es sich gar nicht leisten, dieses Thema zu verschlafen. Die größten Risiken dabei bestehen darin, dass das Establishment und seine Lakaien den Handel und den Besitz von Kryptowährungen kriminalisieren. Goldbesitz wurde schließlich in der Vergangenheit auch kriminalisiert. Ein weiteres Risiko besteht darin, dass Kryptowährungen derartig streng reguliert werden, dass die Anonymität, die Fungibilität und die Anwendbarkeit soweit eingeschränkt werden, dass sie kaum noch eine wahre Alternative zu den Ponzi-Währungen darstellen. Bitcoin ist seit langer Zeit die führende Kryptowährung, doch wird Ethereum immer beliebter und stieg innerhalb weniger Monate um über 3000 Prozent! Mächtige Kryptowährungen könnten mittelfristig die Macht der Zentralbanker und der Regierungen gefährden, doch sind sie zurzeit noch relativ klein. Meines Erachtens wird dies nicht so bleiben. Sobald die Gefährdung akuter wird, wäre ein Verbot von Kryptowährungen, ähnlich wie die Bargeld-Abschaffung, nicht sonderlich schwer. Man müsste nur behaupten, dass Kryptowährungen irgendwelchen Terroristen und der organisierten Kriminalität dienen, was in einigen Fällen sicherlich auch der Wahrheit entspricht (Stichwort »Silkroad«). Gut möglich ist auch, dass der Bitcoin-Preis stark fällt, falls Ethereum Bitcoin als führende Kryptowährung ablöst oder sich der gesamte Kryptowährungs-Markt als Blase entpuppt. Zusätzlich gibt es unter den Tausenden kleinerer Kryptowährungen aufgrund der Anonymität viele betrügerische Entwickler, die sich mit dem Geld gutgläubiger Anleger aus dem Staub machen, sobald diese in ihre selbstentwickelten Währungen investiert haben. Ich empfehle Ihnen, bei Investitionen in kleinere Kryptowährungen auf die Marktkapitalisierung zu achten und möglichst innerhalb der Top 10 zu investieren. Auf folgender Webseite finden Sie eine Übersicht über die gängigen Kryptowährungen: https://coinmarketcap.com. Die Gefahren von Kryptowährungen sind letztendlich mindestens genauso hoch wie ihr Potenzial. Dennoch kann ich es gar nicht oft genug sagen: Verschlafen Sie dieses Thema nicht!

Wichtig ist noch zu erwähnen, dass Sie Ihre Kryptowährungen niemals auf längere Sicht bei einem Drittanbieter wie einer Handelsplattform lassen sollten. In jüngster Vergangenheit kam es immer wieder zu Hackerangriffen auf diverse Handelsplattformen, bei denen hohe Summen zulasten der Kunden entwendet wurden.

Weitere hilfreiche Links:

Handelsplattformen:

https://www.bitcoin.de (Bitcoin)

https://www.coinbase.com (Bitcoin und Ethereum)

Ethereum:

https://www.ethereum.org (Offizielle Webseite)

https://etherscan.io/tokens (Auflistung bestehender Dapps, unbedingt einmal anschauen!)

https://www.myetherwallet.com (Paper Wallet)

Ein Zahlungsmittel, das auf Gold basiert, ist die Prepaid-Mastercard von Goldmoney. Kunden von Goldmoney können ihr Gold in Tresoren außerhalb der EU lagern und bei Bedarf Teile ihres Goldbestandes durch elektronische Anweisungen liquidieren und auf ihre Kreditkarte aufladen. Anschließend können sie mit dieser Kreditkarte in den Währungen US-Dollar, Euro, Britisches Pfund und Schweizer Franken weltweit bezahlen, je nachdem welche Währung aktuell auf der Karte ist. Falls in einer Währung bezahlt wird, die nicht auf der Karte ist, fallen für eine Währungsumrechnung 2,75 Prozent an Fremdwährungsgebühren an. Das ist sehr konkurrenzfähig. Sie benötigen einen Full Holding Account bei Goldmoney, um die Prepaid-Kreditkarte bestellen zu können. Hierfür fallen keine extra Gebühren an. Sie können sich Ihr Gold auch gerne nach Hause oder zu einer anderen Depotstelle liefern lassen. Ich empfinde diese Kreditkarte als enorm wertvoll, da Gold schließlich von Natur aus sehr illiquide ist. Gold ist die Krisenwährung Nummer eins und durch die Kreditkarte flexibel einsetzbar. Das bietet Ihnen die Möglichkeit, mit einer krisenfesten Währung weltweit zu bezahlen, und das unabhängig vom Fiat-Geld der Notenbanken. Was will man mehr?

Goldmoney ist derzeit der führende Anbieter in diesem Bereich. Alex Soros, einer der Söhne von George Soros, ist von Anfang an als wichtiger Aktionär dabei. Man kann zu George Soros stehen wie man will, aber der Mann ist ein begnadeter Investor mit einem geschätzten Vermögen von circa 25 Milliarden US-Dollar. Goldmoney Inc. ist an der Börse von Toronto gelistet. Noch macht die Gesellschaft moderate Verluste, aber ich rechne im dritten Quartal 2017 mit positivem Cashflow. Falls der Goldpreis steigt, sollten die Gewinne exponentiell wachsen. Mit circa 40 Millionen US-Dollar an Bargeld und der Abwesenheit von Schulden strotzt die Bilanz vor Stärke. Die Aktie notiert derzeit bei 1,78 Euro in Deutschland und bei 2,60 Kanada-Dollar in Toronto. Mein mittelfristiges Kursziel liegt bei 10 Kanada-Dollar. Das Unternehmen wird in Kanada, den USA und in Jersey reguliert.

Ich stelle mir eine kleine dumme Frage: Warum sollte ich mit Kryptowährungen spekulieren, die durch nichts gedeckt sind, wenn ich über mein Goldmoney-Golddepot auf der ganzen Welt mit meiner Mastercard bezahlen und Bargeld abheben kann?

Die Antwort ist nicht offensichtlich, denn einige der besten Kryptowährungen haben ein enormes Potenzial und viele Anwendungs-Möglichkeiten, während Gold sich in der Vergangenheit als

Krisen-Zahlungsmittel bewährt hat. Beide Zahlungsalternativen haben auf unterschiedliche Art ihre Daseinsberechtigung.

Konditionen

Die aktuelle Aufladungsgebühr beträgt 1 Prozent pro Aufladung. Die Karte an sich ist kostenlos, und Sollzinsen fallen keine an, da es sich um eine Prepaid-Kreditkarte handelt. Bei Abhebungen am Geldautomaten fallen Gebühren in Höhe von 2,50 Euro/US-Dollar/ britischen Pfund an. Die Mindest-Abhebesumme am Geldautomaten beträgt 20 Euro. Bei der Erstaufladung müssen mindestens 20 Euro aufgeladen werden, danach nur noch mindestens 1 Euro.

Ich stehe aktuell aufgrund meiner Analyse mit Goldmoney in Verbindung. Prinzipiell sollten Sie sich bei Anlageideen und Anlage-Strategien immer Ihre eigene Meinung bilden. Um Interessenskonflikte zu vermeiden, halte ich zurzeit (Stand Juli 2017) weder Goldmoney-Aktien noch erhalte ich eine Vergütung für die Erwähnung dieser Gesellschaft.

Schauen Sie sich die Konditionen und die gesamte Dienstleistungspalette selbst einmal an auf:

https://www.goldmoncy.com/support

Ein womöglich noch besseres Zahlungsmittel wäre eine Kombination aus den innovativen Kryptowährungen und dem beständigen Gold: eine Kryptowährung mit hinterlegtem Gold. Erste Entwicklungen in diese Richtung gibt es bereits, jedoch noch mit sehr geringen Marktkapitalisierungen. Persönlich glaube ich nicht daran, dass sich eine solche Währung in der breiten Masse durchsetzen wird, denn es handelt sich wohl um eine zu idealistische Idee. Bleiben Sie bei diesen Entwicklungen dennoch am Ball, und sehen Sie es bitte nicht als selbstverständlich an, dass Bitcoin und Ethereum auch in zehn Jahren immer noch die führenden Kryptowährungen sind.

Globale Diversifikation des Vermögens

- Australien
- Bermudas
- Britische Jungferninseln
- Cayman Islands
- Cookinseln
- England
- Kanada
- Kanalinseln
- Liechtenstein
- Mauritius
- Monaco
- Neuseeland
- Schweiz
- Singapur
- Uruguay
- USA
- ...

Der folgende Beitrag ist keine Aufforderung zur Steuerhinterziehung, aber eines ist klar: Wenn eines Tages bei uns zypriotische, italienische, französische oder griechische Verhältnisse herrschen sollten, dann kann ich Ihnen nur empfehlen, einen erheblichen Teil Ihres Vermögens außerhalb der EU zu halten. Das gilt für Wertpapiere, Immobilien und andere Sachwerte. Ich will das Thema an dieser Stelle gar nicht weiter ausführen, doch Ihnen sollte bewusst sein, dass es in der EU durchaus zu folgenden Einschnitten kommen kann: Gold-Offenlegungspflichten, 60-Euro-Abhebelimits, 5.000-Euro-Bargeldzahlungs-Begrenzungen, Bargeld-Abschaffung et cetera. Aus diesem Grund ist es mehr als ratsam, das Vermögen auch auf Nicht-EU-Länder zu streuen. Die Diversifikation des Vermögens verschafft Ihnen ein Stück Unabhängigkeit und Freiheit; zwei Faktoren, auf die Sie besser nicht verzichten sollten.

Die oben in der Liste aufgeführten Länder haben gemeinsam, dass sie nicht oder demnächst nicht mehr Mitglieder der EU sind. Außerdem verfügen sie über eine sehr gute Infrastruktur und Finanz-Knowhow. Es ist sehr wahrscheinlich, dass sich die Regierungen zunehmend an Ihrem Vermögen vergreifen werden. Treffen Sie die notwendigen Vorkehrungen, bevor es zu spät ist. Es sollte Ihnen auffallen, dass nicht alle der oben erwähnten Länder Steueroasen sind. Falls Sie sich für einen Finanzpartner in diesen Ländern entschließen sollten, achten Sie besonders auf die Bonität, auf hohe Eigenkapitalquoten, auf die Krisenfestigkeit sowohl des Unternehmens als auch des Landes in historischen Krisen, sowie auf womöglich bestehende repressive Finanzpraktiken und negative antiliberale Trends.

Monatliche Sparpläne (Timing)

Genauso, wie viele Generationen ihr Vermögen mit Sparplänen vergrößert haben, kann man auch für schwere Zeiten sparen, indem man in Produkte investiert, die durch eine Krise nicht in Mitleidenschaft gezogen werden beziehungsweise sogar von einer Krise profitieren. Das perfekte Timing ist extrem schwer zu finden, aber viele meiner Investment-Coaching-Kunden positionieren sich in den oben erwähnten Anlagekategorien in regelmäßigen Abständen. Viele setzen nicht blind auf fallende Kurse, sondern haben auch einige Wertschöpfer und Dividendenperlen in ihren Investment-Portfolios. Einige bauen kontinuierlich seit neun Jahren ihre Goldbestände auf.

Viele junge Unternehmer sind bereits seit einigen Jahren in Bitcoin, Ethereum und andere Kryptowährungen investiert, die ich schon seit geraumer Zeit als Portfolio-Beimischung empfehle.

Megatrends

Zinsen und Anleihen

Eines Tages werden die Zinsen nicht mehr von den Zentralbanken manipuliert werden. Der Spielraum ist bilanziell ausgereizt, aber das interessiert die Zentralbanker in den USA, Japan, Europa und China recht wenig. Mit einem durchschnittlichen Hebel von über 50 (Beleihung geteilt durch Eigenkapital) liegen wir im Schnitt 50 Prozent über dem Hebel, der die Lehman Brothers Bank in die Pleite getrieben hat. Die Zentralbanken drucken einfach mehr Geld. Das konnte Lehman Brothers nicht. Trotzdem hat die Fed eine Verkleinerung ihrer Bilanz offiziell angekündigt. Schließlich will sich die Institution ein Mindestmaß an Seriosität bewahren, und auch die EZB flirtet mit dieser Idee. In wenigen Tagen stürzte der DAX um 5 Prozent.

Japan hingegen ist bereits ein hoffnungsloser Fall. Für jeden Yen Eigenkapital hat die japanische Zentralbank unverantwortliche 120 Yen an Schulden aufgehäuft. Ihr gehören über 10 Prozent der Aktien im Nikkei-Index. Zudem gibt die japanische Regierung seit Jahren doppelt so viel aus, wie sie durch Steuern einnimmt. Infrastrukturprogramme, Gelddrucken und Aktienkäufe haben in Japan auf breiter Basis versagt. Der Yen hätte schon längst einstürzen müssen. Die Bevölkerung ist überaltert und die Japaner sparen kaum noch. Das ist insgesamt finanzieller Suizid auf Raten.

Eines Tages wird aber die Trendwende bei den Zinsen kommen. Das kann zwar noch Jahre dauern, aber es kann durchaus auch schneller gehen. Das rasante Wachstum der Kryptowährungen verheißt nichts Gutes für die etablierten Fiat-/Ponzi-Währungen. Entscheidend ist das Vertrauen der Investoren in die Zentralbanken und das Papiergeld. Unsere Währungen werden letztendlich nur durch dieses Vertrauen am Leben gehalten. Einen Goldstandard, mit dem die Währungen hinterlegt sind, gibt es schließlich schon lange nicht mehr. Vergessen Sie nicht: In den letzten hundert Jahren gab es allein in Deutschland vier verschiedene Währungen. Wie lange dieser blinde Glaube an die Währungen schlussendlich anhält, ist schwer einzuschätzen, aber die demographischen, wirtschaftlichen und fiskalischen Herausforderungen der nächsten Dekade sind nicht durch Gelddrucken, Aktien- oder Anleihekäufe zu bewältigen. Das bedeutet, dass eines Tages die Investoren, die zum richtigen Zeitpunkt auf steigende Zinsen setzen, enorme Vermögen verdienen werden. Deswegen halte ich Short-Positionen in einigen Staatsanleihen langfristig für sehr sinnvoll.

Die Junk-Bonds rentieren zurzeit mit circa 6 Prozent auf demselben Niveau wie Staatsanleihen vor neun Jahren. Erscheint diese Entwicklung nachhaltig sinnvoll? Natürlich nicht, aber nach neun Jahren ZIRP (Zero Interest Rate Policy) und einer verzweifelten Investorenjagd nach Renditen empfindet der Markt diese Preisbildungs-Perversion als normal. Ich nicht. Deswegen bin ich auf verschiedenen Junk-Bonds short, vor allem in angeschlagenen Branchen wie dem Automobil-Sektor, dem Einzelhandel, dem Fracking- und Ölbereich et cetera. In der nächsten Wirtschaftskrise sind viele dieser Bonds Pleitekandidaten. Der »Short High Yield ETF« (SJB) ist ein inverser ETF auf Junk-Bonds, der mit über 1000 Holdings ein breites Spektrum abdeckt und sich als gute Alternative zu Shorts auf Einzelwerte oder Sektoren anbietet. Auch hier gilt wieder: Lieber via Sparplan investieren, da der genaue Zeitpunkt einer Junk-Bond-Krise schwer zu bestimmen ist.

Automobil-Branche

Die Automobil-Hersteller und -Zulieferer stehen gleich vor drei enormen Herausforderungen:

1. Die Elektrofahrzeuge werden in fünf Jahren eine Reichweite von mindestens 500 Kilometern erreichen. Zudem werden sich die Produktionskosten durch Skaleneffekte und technologischen Fortschritt immer mehr denen traditioneller Autos annähern. Es wird Hunderte Milliarden Euro verschlingen, um die Produktion von Verbrennungsmotoren auf Elektroautos umzurüsten und die Kapazitäten für die Batterieproduktion aufzubauen. Das Dieselfahrzeug mutiert zunehmend zum Dinosaurier.
2. Das autonome Fahren erfordert nochmals enorme Investitionen, und es ist keineswegs sicher, wer in diesem Bereich über die beste Technologie verfügt.
3. Das Verbraucherverhalten verändert sich rapide. Ich rede vom Car-Sharing und von kommenden Generationen, die sich nicht mit dem Auto als Statussymbol identifizieren. Viele junge Menschen in den Großstädten verzichten bereits heute auf ein eigenes Auto. In einer urbanisierten Welt mit einer guten öffentlichen Verkehrsstruktur erscheint der sehr teure Besitz eines eigenen Automobils für viele junge Menschen immer weniger sinnvoll.

Dieselmotoren erleben zurzeit eine wahre Hetzjagd und verschrecken potenzielle Käufer. Diesel-Fahrzeuge, die ein Jahr alt sind, finden wir querbeet mit einem sensationell hohen Abschlag von 50 Prozent auf den Neupreis. Meine Kontakte in der Automobil-Branche sind davon überzeugt, dass es spätestens 2019 zunehmend preislich akzeptable Elektroautos mit einer zufriedenstellenden Reichweite geben wird. Der globale Trend zum Elektro- und zum Hybridauto ist nicht mehr aufzuhalten, aber in der Übergangsphase rechnen die Spitzenmanager zunächst mit Zurückhaltung beim Erwerb. Der Kunde fragt sich:

»Warum sollte ich jetzt noch ein Fahrzeug mit Verbrennungsmotor beziehungsweise einen Diesel kaufen, wenn ich in ein oder zwei Jahren einen erstklassigen und leistungsfähigen Elektromotor zu einem vergleichbaren Preis erwerben kann?«

Hohe Forschungs- und Entwicklungskosten (F&E) und geringere Stückzahlen bei rückläufigen Gewinnmargen sind eine toxische Mischung für die Auto-Hersteller. Eine Verzögerung beim Erwerb bedeutet niedrigere Umsätze und Gewinne. Umstellungen in der Fertigung sind sehr teuer. Die Probleme sind enorm, kaum übersehbar und versprechen mittelfristig nichts Gutes. In der Automobil-Branche wird es wesentlich mehr Verlierer als Gewinner geben. Deswegen setze ich bei vielen Autoaktien auf sinkende Kurse. Der Forschungs- und Entwicklungs-Vorstand einer der weltgrößten Auto-Hersteller gab offen zu, »dass er sich nicht sicher ist, ob sein Unternehmen die kommenden Herausforderungen überleben wird«. Toyota sollte die kommende Krise überleben, auch Autoliv, der Weltmarktführer im Bereich der Airbags. Viele andere werden pleitegehen, einige werden von den erfolgreichen Marktteilnehmern geschluckt werden.

Einzelhandel in den USA, Asien und Europa

Dieser Sektor verliert bereits in einer angeblichen Wirtschafts- und Börsen-Hausse an Dynamik. Der Amazon-Effekt ist aber nicht alleine für diesen Wandel verantwortlich, sondern auch die alternde Bevölkerung in vielen G20-Staaten, die hohe Preistransparenz im Internet sowie eine schrumpfende Mittelschicht. Ähnlich wie im Automobil-Bereich tummeln sich hier Kandidaten für Leerverkäufe.

Investment-Strategien

Öl und andere Trends

Wäre es denkbar, dass die globale Öl-Nachfrage durch mehr Elektro-autos, Flüssiggas-Lastwagen, Windräder und Solaranlagen nachhaltig geschwächt wird? Ist Kohle überhaupt noch als Energieerzeuger konkurrenzfähig? Welchen Einfluss hätte eine schrumpfende Nachfrage in diesen Bereichen auf globale Transport- und Schifffahrts-Unternehmen? Welche Rohstoffe werden bei der Herstellung von Elektromotoren und bei der unaufhaltsamen Automatisierung benötigt? Wer profitiert am meisten von der Industrie 4.0? Wer leidet am meisten?

Ich bin womöglich zeitlich mit meiner Einschätzung zu früh dran, aber Öl und Kohle könnten unter Umständen immer mehr an Bedeutung verlieren. Das hätte für sehr viele Branchen und Gesellschaften weitreichende Konsequenzen. Ich werde mich bemühen, bei den wichtigen Trends der kommenden Dekade noch vor der Masse positioniert zu sein. Ich wähle hierfür primär einen Total-Return-Investment-Ansatz.

153

Anlageideen

Branchen

Hier liste ich Ihnen die aus meiner Sicht Top- und Flop-Branchen in einer Wirtschaftskrise auf:

Top-Branchen:
Diversifizierte Verbraucherdienstleistungen
Edelmetalle (Gold & Silber)
Getränke
Haushaltsprodukte
Defensive Konsumgüter
Lebensmittel
Life Sciences & Services
Tabak
Versorger

Flop-Branchen:
Automobil-Bauteile
Automobil-Produktion
Bauprodukte & Baustoffe
Einzelhandel
Finanzdienstleister
Industrie-Mischkonzerne
Industriemetalle
Langlebige Gebrauchsgüter
Papier & Forstprodukte

Grundsätzlich würden sich ETFs und inverse ETFs auf diese Branchen anbieten, wovon ich aber aufgrund der geringen Marktkapitalisierung und des geringen Handelsvolumens dieser ETFs abrate. Möchten Sie auf Werte aus diesen Branchen setzen oder auf ihren Kursverfall wetten, so bleibt abseits von Derivaten nur der Kauf oder Leerverkauf von Einzelwerten. Es hilft auch schon, sich bewusst zu machen, welche Branchen Sie lieber meiden sollten.

Watchlist

Die nachfolgende Liste enthält Titel, die ich als interessant einstufe, die aber preislich noch nicht attraktiv genug sind oder noch mehr Research erfordern.

Für jeden professionellen Analysten und Investor sind Watchlists enorm wichtig. In jene Listen wird viel Recherche-Arbeit investiert, die quantitative, makro- und mikroökonomische Faktoren berücksichtigt. Manchmal fehlen aber noch entscheidende Auslöser oder die richtigen Kurse, um die betreffenden Werte in das Portfolio zu bewegen. Prinzipiell gilt: long für Wertschöpfer, short für Wertzerstörer. Vor allem meine Long-Watchlist enthält überdurchschnittlich attraktive Unternehmen. Wie Sie bereits wissen, halte ich einiges von der Fielmann AG, will die Aktie aber nicht zu dem aktuellen Kurs erwerben. Fällt der Kurs auf ein für mich attraktives Niveau, muss ich erneut evaluieren, ob sich das Unternehmen unter den neuen Bedingungen für einen Kauf qualifiziert oder ob es weiter beobachtet werden soll. Das Gleiche kann analog auch für Short-Kandidaten gelten. Werte auf der Watchlist benötigen in der Regel weitere Recherche, sie können bei gewissen »Action Points« jedoch schnell relevant werden. Beim Investieren liegt das Ziel auf keinen Fall darin, immer Recht zu behalten. Es geht vielmehr darum, häufiger richtig als falsch zu liegen. Es gibt keine Fehler im klassischen Sinne. Es gibt nur Wahrscheinlichkeiten und Chance-Risiko-Verhältnisse. Der Markt hat Recht, und das Ego hat in diesem Geschäft nichts zu suchen. Man muss ständig weiteranalysieren und sich Fehler sehr schnell eingestehen, Verluste begrenzen und sich neu orientieren.

Diese Liste beruht auf meiner Recherche vom Frühsommer 2017. Sie ist ein Ideengeber für interessierte Investoren, stellt aber keine Kauf- oder Verkaufsempfehlung dar.

Beachten Sie bitte den Disclaimer am Anfang des Buches.

Hier meine exemplarischen Watchlists.

Watchlist

WKN	Long	WKN	Short
851745	3M	603035	Acadia Pharmaceuticals
854912	Air Products and Chemicals	500800	Adler Real Estate
200417	Altria Group	855111	Air France-KLM
854161	Archer Daniels Midland	A1W97M	American Airlines
A0HL9Z	AT&T	A1J51W	Beazer Homes USA
850347	Automatic Data Processing	523280	Bertrandt
857675	Becton Dickinson	A14QAE	Black Knight Financial Services
856332	C. R. Bard	858821	Bouygues
880206	Cardinal Health	A1C9E4	Caesars Entertainment
856678	Clorox	A14RPH	Chemours
850663	Coca-Cola	A0HM1P	Columbia Broadcasting System (CBS)
A0NABN	Colgate Palmolive India	543900	Continental
850667	Colgate-Palmolive	710000	Daimler
888351	Costco Wholesale	A1JPLB	Delphi Automotive
853121	Cummins	581005	Deutsche Börse
A0MV07	Dr Pepper Snapple Group	A0HN5C	Deutsche Wohnen

156

Anlageideen

854545	Ecolab		861569	Dillard's
850981	Emerson Electric		502391	Ford
897933	Estée Lauder Companies		851144	General Electric
577220	Fielmann		A1C9CM	General Motors
578580	Fresenius Medical Care		A1JXCV	Grand City Properties
853862	General Mills		871394	Harley-Davidson
604843	Henkel		A14P77	HRG Group
888210	IDEXX		A0M1Z9	Icahn Enterprises
855681	Intel		KC0100	Klöckner & Co.
851413	International Paper		A0B8S2	Las Vegas Sands Corp.
633835	J.M. Smucker		540888	Leoni
855178	Kimberly-Clark		A1C9RN	Ligand Pharmaceuticals
883524	Leggett & Platt		823212	Lufthansa
858250	McCormick & Co.		A0M6VH	Macquarie Group
A14M2J	Medtronic		880883	MGM Resorts International
870747	Microsoft		A0B6G0	Sainsbury
868284	Paychex		620200	Salzgitter
A14R7U	PayPal		A0D9H0	Sears
A115FG	Pentair		749399	Ströer
A0D9UC	Procter & Gamble Hygiene and Health Care		A0HFV9	Telenet Group
852062	Procter & Gamble		852647	Tesco
851311	Roche		A1CX3T	Tesla
A0JEHV	Schindler		852809	Vallourec
856050	Sherwin-Williams		A1ML7J	Vonovia
864952	Stryker		A12AKN	Wayfair Inc.
859121	Sysco		663244	Wynn Resorts
917099	Tyler Technologies			
868402	Verizon			
A0NC7B	Visa			
898123	Waters Corporation			

Abbildung 57: Exemplarische Watchlist – Teil I

Erfolg im Crash

WKN	Short
	Oil Basket:
580884	Cheniere Energy
852552	Chevron Corporation
575302	ConocoPhillips
877961	EOG Resources
910509	FirstEnergy
729364	Lundin Petroleum
852789	Marathon Oil
856127	Murphy Oil Company
A1JS16	U.S. Silica Holdings

Financials in:

China

Deutschland

Italien

Kanada

Spanien

USA

Immobilien in:

Australien

Deutschland

England

Frankreich

Hong Kong

Kanada

Neuseeland

Niederlande

Skandinavien

Abbildung 58: Exemplarische Watchlist – Teil II (Stand Juli 2017)

Exemplarisches langfristiges Total-Return-Portfolio

Ein Buch eignet sich von Natur aus eigentlich nicht für ein Muster-Portfolio. Dennoch präsentiere ich Ihnen Anlageideen, die es Ihnen ermöglichen sollten, Ihr Vermögen in einem Crash zu bewahren oder zu mehren. Heben Sie dieses Buch gut auf, weil es sich auf Wertschöpfer und weniger zyklische Anlage-Strategien fokussiert. Mittelfristig aussichtsreiche Werte in der Baisse zu kaufen, erscheint sinnvoll, und schlecht positionierte Unternehmen vor einem Crash zu verkaufen, könnte Sie vor erheblichen Verlusten schützen. Wichtig: Keineswegs empfehle ich, keinesfalls das komplette Portfolio nachzukaufen. Vielmehr handelt es sich um langfristige Anlageideen, die Sie über einen Zeitraum von ein bis drei Jahren umsetzen könnten. Selbstverständlich sollten Sie diese Titel nicht allzu teuer erwerben. Kaufen Sie deshalb bei günstigen Preisen immer mal wieder dazu, anstatt alles vorhandene Geld auf einmal zu investieren. In einigen Fällen lohnt es sich, monats- oder quartalsweise anzusparen. Das Risiko, das einer solchen Anlage-Strategie innewohnt, besteht darin, dass zyklische Aktien und Wertzerstörer langfristig Qualitätswerte outperformen könnten. Zudem ist die Gewichtung von Edelmetallen mit 20 Prozent recht hoch, aber gerade in diesem Bereich sollten Sie Ihre Position über mehrere Quartale, vielleicht auch über zwei bis drei Jahre, aufbauen. Des Weiteren sind die dargestellten Anlageideen überproportional vom US-Dollar abhängig. Wenn Sie wenig Vertrauen in den US-Dollar haben, können Sie dieses Exposure auch durch CFDs oder Futures absichern. Alles in allem verschafft es Ihnen in einer Wirtschaftskrise einen enormen Vorteil, wenn Sie wissen, welche Top-Unternehmen Sie zu vernünftigen Preisen erwerben sollten.

Das Portfolio in Abbildung 59 ist eher exemplarisch zu betrachten. Sie können es allerdings gerne als Leitlinie verwenden, um Ihr eigenes

Portfolio über einen längeren Zeitraum anzupassen. Ein Portfolio muss schließlich ständig kontrolliert und überholt werden. Einzelne Titel müssen herausfallen und neue müssen hereinkommen, wenn die Situation es erfordert. An dieser Stelle weise ich auf meinen Börsenbrief hin, der in Kürze erscheinen soll. In besagtem Börsenbrief werde ich auf die einzelnen Werte genauer eingehen und fundierte Meinungen und verschiedene detaillierte Muster-Portfolios mit Ihnen teilen, die regelmäßig aktualisiert werden. Mit dem exemplarischen Muster-Portfolio in diesem Buch haben Sie aber schon einmal eine gute Ausgangssituation und erhalten hoffentlich viele nützliche Anlageideen.

Beachten Sie bitte den Disclaimer am Anfang des Buches.

WKN	Long		
	Aktien		**55%**
	Kernpositionen:	8%	
A0JEGY	Clinuvel Pharmaceuticals*		
A14XJP	Goldmoney		
	Wertschöpfer:	42%	
867900	Amgen		
A1CVJD	Bakkafrost		
789617	Biogen		
856693	Brown-Foreman		
853260	Johnson & Johnson		
856958	McDonald's		
A1XA8R	Novo Nordisk		
851995	PepsiCo		
A0NDBJ	Philip Morris International		
A1401Z	Ryanair		
603050	The York Water Company		
857209	Thermo Fisher Scientific		
853510	Toyota		
860853	Walmart		

Anlageideen

	Dividenden Aristokraten:		5%	
		S&P 500 Dividend Aristocrats ETF (NOBL)		
	Anleihen			**10%**
		iShares Floating Rate Bond ETF (FLOT)		
		SPDR Barclays Capital Investment Grade Floating Rate ETF (FLRN)		
		Neuseeländische Staatsanleihen		
	Gold & Silber			**20%**
Physisch:			10%	
	Gold (bei Goldmoney)			
	Silber			
ETFs:			10%	
	SPDR Gold Shares ETF (GLD)			
	ETFS Physical Swiss Gold Shares ETF (SGOL)			
	Cash			**10%**
	Physische Schweizer Franken			
	Physische Neuseeland-Dollar			
	Kryptowährungen			**5%**
	Bitcoin			
	Ethereum			
	Dash			
	IOTA			
	Lisk			
	PIVX			
			Gesamt	**100%**

Abbildung 59: Exemplarisches Muster-Portfolio Long

*zu Clinuvel Pharmaceuticals: Der Eigentümer der DZM GmbH, Michael Uhlemann, hält 25.000 Clinuvel Pharmaceuticals Aktien. Zu diesem Wert habe ich mich bereits mehrmals medial (schriftlich und in einem Video) geäußert. Prinzipiell gehe ich bei diesem

Unternehmen von stark steigenden Gewinnen im derzeitigen Kerngeschäft aus. Nach meinen Ermittlungen besteht eine extreme Unterbewertung des Kerngeschäfts und somit aus meiner Sicht hohes Kurspotenzial. Ich rechne in den nächsten zwölf Monaten mit einem Börsengang an der NASDQ und einer Zulassung von Scenesse, dem bereits in Europa zugelassenen Medikament gegen extreme Lichtempfindlichkeit, in den USA. Googeln Sie einfach: Florian Homm Clinuvel Pharmaceuticals und Sie finden meinen Beitrag: http://www.boerse-online.de/nachrichten/aktien/Clinuvel-Pharmaceuticals-Aktie-Warum-sich-Florian-Homm-das-Papier-jetzt-vornimmt-1002008317

Bitte recherchieren Sie die Zahlen, Daten und Fakten zu dieser Aktie selbst und bilden Sie sich immer ihre eigene Meinung. Die Webseite der Gesellschaft ist ausführlich: www.clinuvel.com

Wie versprochen erhalten Sie auch eine Watchlist zu möglichen Short-Positionen, die ebenfalls eher als Beispiel denn als Anlageempfehlung zu verstehen ist (siehe Abbildung 60).

(Stand Juli 2017)

Anlageideen

WKN	Short			55%
WKN	**Aktien**			**55%**
	Wertzerstörer		35%	
A2AEMF	AveXis			
928193	BlackRock			
850598	Caterpillar			
A0JJY6	Partners Group			
908678	Pioneer Natural Resources			
PSM777	ProSiebenSat.1 Media			
750000	Thyssenkrupp			
A11312	Time Inc.			
A0HL4V	Under Armour			
	Car Basket:		10%	
A0KEE9	Avis			
519000	BMW			
785602	ElringKlinger			
A14U65	Europcar			
A12CBU	Fiat Chrysler Automobiles			
694194	GKN			
868610	Magna International			
852363	Peugeot			
703000	Rheinmetall			
SHA015	Schaeffler			
723530	SGL Carbon			
723132	Sixt			
A0DPRE	Sixt Leasing			
A113Q5	Stabilus			
766403	Volkswagen			

163

Erfolg im Crash

	Retailing Basket	10%	
852362	Carrefour		
330410	Gerry Weber		
872318	Hennes & Mauritz (H&M)		
851223	Kering		
884195	Kohl's		
A0MS7Y	Macy's		
581005	Deutsche Börse AG		
867804	Nordstrom		
878000	Rallye		
857022	Rite Aid		
875207	Sotheby's		
872811	Tiffany & Co.		
	Inverse ETFs		**30%**
	Short MDAX		
	Short TecDAX		
	Short High Yield ETF (SJB)		
	Short MSCI Emerging Markets ETF (EUM)		
	Direxion Daily CSI 300 China A Share Bear 1x Shares ETF (CHAD)		
	UltraShort Consumer Goods ETF (SZK)		
	UltraShort Real Estate ETF (SRS)		
	Sonstige		**15%**
	Long VIX		
	Short Yen / Long Schweizer Franken (z.B. CFDs)		
	Short Türkische Lira / Long Neuseeland-Dollar (z.B. CFDs)		
	Gesamt		**100%**

Abbildung 60: Exemplarisches Muster-Portfolio Short

Schlusswort

Liebe Leserin, lieber Leser,

dieses Buch war für mich eine neue Erfahrung. Als Hedgefonds-Manager, Venture-Capitalist und Investmentbanker habe ich mein ganzes Berufsleben lang fast ausschließlich nur sehr vermögende Family Offices und institutionelle Anleger beraten. Ich war mir anfänglich nicht sicher, ob ein Privatanleger überhaupt eine Chance hat, sein Vermögen in einem volatilen Umfeld zu erhalten, geschweige denn von diesen Unsicherheiten zu profitieren. Vor zehn Jahren wäre das nur schwer möglich gewesen, denn damals waren die Produktpalette sowie die dazu notwendigen »Werkzeuge« fast nur dem Geldadel zugänglich. Heute gibt es aber Futures, CFDs, inverse ETFs und Leerverkäufe, zu denen ein Privatinvestor in Europa damals kaum Zugang hatte. Es gibt jedoch immer noch Bereiche, in denen ein substanziell Vermögender bessere Chancen hat, wie zum Beispiel bei marktneutralen Fonds, gewissen Future-Kontrakten oder Single Stock Futures, die eine hohe Mindestanlage erfordern. Top-Hedgefonds akzeptieren oft keine Kundengelder unter einer Million Dollar. Mit kleineren Summen entstehen höhere Kosten, und kleinere Summen eignen sich auch nicht für eine breite Diversifikation.

Trotzdem kann heute im Großen und Ganzen auch der weniger vermögende, aber smarte Privatinvestor *Erfolg im Crash* haben. Davon bin ich fest überzeugt.

Es gibt einige goldene Regeln, die Sie als Privatanleger einhalten sollten:

1. Lernen, lernen, lernen. Das haben alle Superstars in dieser Branche gemeinsam. Sie entwickeln sich ständig weiter, auch im hohen Alter. Wenn Sie nicht bereit sind, etwas Zeit zu investieren, können Sie kaum eine außerordentliche Rendite erwarten. Mittlerweile ändern sich Trends mit einer sehr hohen Geschwindigkeit, weshalb es essenziell ist, sich auch auf neue Bereiche einzulassen und diese zu ergründen. »Fortune favors the prepared mind.«

2. Fokussieren Sie sich auf Anlagestile, die wirklich über Jahrzehnte funktioniert haben, wie das dynamische oder das klassische Value-Investing.

3. Vermeiden Sie endlose Diskussionen über die Marktrichtung und konzentrieren Sie sich lieber auf die Suche nach geeigneten Investment-Kandidaten.

4. Hören Sie weniger auf Schwätzer und Marktkommentatoren. Diese Typen präsentieren sich gut, haben aber in der Regel eine weit unterdurchschnittliche Performance. Studieren Sie lieber die wirklichen Koryphäen. Ich achte noch heute auf George Soros, Stanley Druckenmiller, Jim Rogers, Marc Faber, Nouriel Roubini, Warren Buffett, Terry Smith, meinen ehemaligen Chef Peter Lynch und vor allem Nassim Taleb.

5. Fragen Sie doch einmal Ihren Vermögensberater, wie seine Performance während der letzten drei großen Crashs war und ob er sich eine langjährige Börsen-Baisse vorstellen kann. Fragen Sie doch einmal nach seinen besten Kandidaten für einen Leerverkauf. Sie werden, wenn Sie sich intensiv weiterbilden, mehr über Total-Return-Strategien wissen als Ihr Vermögensberater.

6. Sie werden mit Optionen langfristig nicht glücklich, außer Sie sind ein begnadeter Spekulant. Die Volatilität und die damit verbundenen hohen Kosten sowie das Timing werden Sie langfristig ausbremsen. Keiner der erfolgreichen Investoren ist ausschließlich mit Optionen Milliardär geworden.

7. Bei jedem Investment sollten Sie versuchen, das Chance-Risiko-Verhältnis zu berechnen. Bei weniger als 1 zu 2 landen Sie im

Leerverkauf-Bereich, bei mehr als 3 zu 1 lohnt sich eventuell ein Kauf.

8. Begrenzen Sie Ihre Verluste und schützen Sie Ihr Kapital, denn ohne Kapital kann man schlecht investieren.

9. Setzen Sie nicht alles auf eine Karte und positionieren Sie sich lieber über mehrere Phasen hinweg.

Und das Wichtigste ist: Bleiben Sie immer rational, denn Geiz, Gier und Angst sind die schlechtesten Berater.

Die Notenbanken rund um den Globus deuten an, dass die NIRP- und ZIRP-Phase zu Ende geht (No Interest Rate Policy und Zero Interest Rate Policy). Gleichzeitig bedankt sich der CEO des größten Hedgefonds der Welt (Ray Dalio von Bridgewater Associates) bei den Zentralbankern und den politischen Entscheidungsträgern für neun Jahre Nullzinspolitik und kündigt an, dass die alte Ära des Gelddruckens vorbei sei. Nur wer Hedgefonds-Manager und große Carry Trader wirklich versteht, weiß, dass dies kein gutes Omen für die Zinsmärkte ist. Denn diese Berufsgruppen haben fast ein Jahrzehnt enorm von diesen Entwicklungen profitiert. Sie haben mit günstigen Krediten festverzinsliche Wertpapiere, Aktien oder Immobilien erworben, und diese Investments wurden durch den hohen Anteil an eingesetztem Fremdkapital gehebelt. Hier wurden mit Leichtigkeit Billionen verdient.

Sehr viele erfolgreiche Hedgefonds-Manager haben jahrelang Anleihen in Billionenhöhe vor den Zentralbanken am Markt erworben, um sie dann den Zentralbanken deutlich teurer zu verkaufen. Diese Praxis nennt man in der Branche »Frontrunning«. Diese Spiele werden bei geringeren Gelddruckmengen beziehungsweise bei schrumpfenden Zentralbank-Bilanzen schwieriger, denn die Nachfrage nach festverzinslichen Wertpapieren fällt – und das bei einem kontinuierlich steigenden Angebot. Im letzten Jahr sind die Zinsen der langfristigen

Staatsanleihen der wirtschaftlich bedeutendsten Länder in Europa, Nordamerika und Asien bereits markant gestiegen. Seit einem Monat beschleunigt sich dieser Trend. Die Profispekulanten (Hedgefonds und Carry Trader) trennen sich Zug um Zug von ihren Anleihebeständen. Zurzeit werden diese noch von der Bank of Japan, der Bank of China, der EZB und amateurhaften Investoren gekauft. Auch diesmal geht es um »Frontrunning«. Die Profi-Spekulanten müssen sich unbedingt jetzt von ihren Anleihe- und Aktienbeständen trennen, während noch einige Zentralbanken diese Wertpapiere am Markt erwerben. Kein intelligenter Hedgefonds oder Carry Trader würde jetzt noch seine Wertpapierbestände erhöhen. Das Spiel neigt sich dem Ende zu. Die Zinsen steigen, und den Aktienmärkten bekommt das alles nicht gut, wie man an einem wackligen DAX, einem nervösen NASDAQ sowie an den Kurseinbußen bei Tesla und General Electric erkennen kann.

Erinnern Sie sich bitte an diese Worte: Wenn die Zentralbanken aufhören, Geld zu drucken und Märkte zu manipulieren, dann werden die Märkte signifikant zu schwanken beginnen.

Ich hoffe nur, dass uns die Ereignisse nicht überrollen, bevor dieses Buch erscheint, und dass Sie sich noch rechtzeitig für den Crash oder die japanische Sklerose positionieren können.

Zu relevanten wirtschaftlichen Themen lade ich Sie gerne ein, sich weiter zu informieren und meinen YouTube-Kanal zu abonnieren:

https://www.youtube.com/channel/UC9Iq-yi4q3lsnSEXltzpqcQ

Zudem biete ich eine Börsenakademie an, die Sie auf www.investmentmastersociety.de finden. Analog dazu gebe ich einen Börsenbrief heraus, den Sie sich unter www.florianhommlongshort.de herunterladen können.

Viel Erfolg und noch mehr Erfüllung!

Mit herzlichen Grüßen

Florian Homm
11. Juli 2017

Anfragen:
Am besten kontaktieren Sie uns über: info@diezweitemeinung.eu

Meine Dienstleistungspalette finden Sie unter http://diezweitemeinung.eu

Appendix A: Werkzeuge

Mit welchen Finanzprodukten kann ich auf sinkende Kurse setzen und sogar von sinkenden Kursen profitieren?

In diesem Teil geht es um die Werkzeuge, die benötigt werden, um in fallenden Märkten bestehen zu können. Denjenigen, die bereits mein Buch *Die Kunst des Leerverkaufes* gelesen haben, wird einiges bereits bekannt vorkommen. Ich empfinde es dennoch als essenziell, auch in diesem Buch auf die entsprechenden Werkzeuge hinzuweisen.

Was sind Leerverkäufe?

Leerverkäufe (Short Sales) sind im Prinzip nichts anderes als ein Mittel, von fallenden Kursen zu profitieren. Um die Funktionsweise genauer zu verstehen, betrachten Sie das folgende fiktive Beispiel:

Nach einer wochenlangen Recherche kommen Sie zum Schluss, dass der Aktienkurs der SuperCredit AG (SC) aus zahlreichen Gründen nicht gerechtfertigt ist. Um von Ihrem umfänglichen Wissen über die Firma zu profitieren, entscheiden Sie sich, die Aktie leer zu verkaufen, oder sie zu shorten, wie es im Investment-Jargon heißt. Sie leihen sich von Ihrer Depotbank oder Ihrem Broker Aktien der Super Credit AG und verkaufen diese umgehend.

Nach einigen Wochen verkündet der CEO einen Gewinneinbruch und korrigiert die Prognose für das nächste Jahr drastisch nach unten. Einige Aktionäre sind entsetzt und stoßen ihre Aktien umgehend ab. Ihre Analyse war korrekt: Der Kurs ist um über 20 Prozent gefallen. Sie kaufen dieselbe Anzahl an Aktien, die Sie sich ursprünglich geliehen haben, und geben sie dem Verleiher zurück. Lassen Sie mich das eben genannte Beispiel mit Zahlen durchspielen:

Der Kurs des Unternehmens ist bei 100 Euro pro Aktie. Sie leihen Sich 500 Aktien und verkaufen diese sofort. Somit erhalten Sie 50.000 Euro auf Ihr Konto. In vielen Fällen können Sie jetzt mit diesem Geld arbeiten. Ob das möglich ist, hängt jedoch von Ihrem Leihvertrag mit der Depotbank beziehungsweise dem Broker ab. Auf jeden Fall sind Sie verpflichtet, diese Aktien zu einem späteren Zeitpunkt zurückzugeben. Der Preis sinkt in der Zwischenzeit um 20 Prozent, also auf 80 Euro. Jetzt hat die Aktie ein Kursniveau erreicht, bei dem Sie Ihren Profit realisieren wollen. Sie kaufen 500 Aktien zu einem Stückpreis von 80 Euro, also zu einem Kaufpreis von insgesamt 40.000 Euro. Die Leihe ist abgeschlossen und der Eigentümer erhält seine 500 Aktien zurück. Verrechnen Sie Ihren Profit aus dem Verkauf mit den Kosten des Rückkaufs, erhalten Sie die Differenz von (+) 10.000 Euro. Das ist Ihr persönlicher Gewinn.[78]

Dies war ein erfolgreicher Leerverkauf. Natürlich kann ein Leerverkauf auch zu ihrem Nachteil verlaufen, wie folgendes Beispiel zeigt:

Sie leihen sich abermals 500 Aktien und verkaufen diese zu je 100 Euro. Aufgrund von Meldungen über Gewinn- und Umsatzsteigerungen erhöht sich der Kurs auf 120 Euro. Sie müssen Ihre Position »glattstellen«, also decken Sie sich ein bei einem Preis von 120 Euro. Ihr Verlust: 10.000 Euro.

---

[78] Es handelt sich hierbei um ein stark vereinfachtes Beispiel. In der Realität kommen weitere Kosten und Risiken hinzu, die wir, um den Vorgang verständlicher zu machen, erst einmal nicht berücksichtigt haben.

Das Prinzip sollte nun klar sein: Der Leerverkäufer (Short Seller) leiht sich bei seiner Depotbank ein Wertpapier, um es unmittelbar danach zu verkaufen. Zu einem späteren Zeitpunkt kauft der Leerverkäufer – je nach Verlauf der Aktie idealerweise mit Gewinn – zurück und gibt sie dem ursprünglichen Verleiher wieder.

Durch die Wertpapierleihe ergeben sich zahlreiche Möglichkeiten und Anlage-Strategien. Während Leerverkäufe zum einen rein profitorientiert angewendet werden können, ist dieser Anlagestil häufig auch ein Mittel, um die Volatilität zu minimieren und das eigene Portfolio vor Markteinbrüchen zu schützen (Hedging).[79]

Welche Risiken birgt ein Leerverkauf?

Obwohl der Leerverkauf bereits seit weit mehr als 100 Jahren praktiziert wird, sind kaum Experten auf diesem Gebiet zu finden. Einer der Gründe ist, dass diese Anlage-Strategie auch psychologisch wesentlich mehr Können und Geschick benötigt als klassische »Buy-and-Hold«- Strategien. Zudem spielt das Timing (Eintritts- und Austrittspunkt) eine größere Rolle. Im Folgenden liste ich auf, welche allgemeinen Risiken ein Leerverkäufer kennen muss. Jede Branche beziehungsweise jeder Markt weist zusätzlich Sonderrisiken auf.[80]

- Short Squeeze (zu knappes Angebot, was die Wiederbeschaffung des leerverkauften Wertpapiers erschwert)
- Unendlicher Verlust
- Bid-Ask-Spread (große Differenz zwischen dem Geld- und dem Briefkurs eines Wertpapiers)

---

[79] Diese Passage ist ein Auszug aus meinem Buch *Die Kunst des Leerverkaufes.*
[80] Diese Passage ist ein Auszug aus meinem Buch *Die Kunst des Leerverkaufes.*

- Margin Call (Forderung der Depotbank nach einem Wertausgleich)
- Gebühren und Kommissionen
- Dividendenzahlungen (die während der Wertpapierleihe der Leerverkäufer an den Verleiher der Aktien zahlen muss)
- Priorität
- Turnaround (eine Umkehr der ursprünglich finsteren Aussichten eines Unternehmens in weitaus optimistischere)
- Bullenmarkt
- Key-Man-Risiko (Gefahr, dass plötzlich ein großer oder prominenter Investor einsteigt oder ein fähiger CEO im Unternehmen aufräumt)
- Buy-in (Zwang, die leerverkauften Aktien vorzeitig wiederzubeschaffen)
- Bandwagon-Effekt (Ungünstige Entwicklungen aufgrund von Herdentrieb und Trittbrettfahrern)
- Fusionen und Übernahmen
- Verbot von Leerverkäufen
- Insolvenz des Brokers

Wie und wo können Sie leerverkaufen?

Zwingend notwendig für Leerverkäufe ist ein sogenanntes Margin-Konto, das auch Margin-Account genannt wird. Es befähigt einen Anleger dazu, Aktien auf Kredit zu erwerben oder zu shorten. Die Bedingungen und Konditionen für solch ein Konto variieren je nach Wahl des Brokers. Das Margin-Konto unterliegt strengen Vorschriften (Margin Rules). Die sogenannte Margin-Ratio ist hierbei besonders wichtig, da der Prozentsatz darüber entscheidet, ob Sie Ihre Position covern oder Geld nachschießen müssen oder ob der Broker die Position gleich zwangsliquidiert. Die Margin-Ratio reicht von 30 Prozent bis 100 Prozent und ist abhängig vom Broker und vom Risiko des Wertpapiers. Da die Margin-Ratios sehr unterschiedlich sein können, empfehle ich Ihnen, sich vorab gründlich zu informieren! Anders als bei »Buy-and-Hold«-Strategien spielen Preisschwankungen eine essenzielle Rolle. Außerdem sollte der Broker Ihnen ermöglichen, Short-Positionen längerfristig zu halten und nicht nur für ein paar Handelstage. Jeder Broker hat außerdem eine eigene Liste an Werten, die leerverkauft werden können. Es gilt, je liquider ein Wert, desto mehr Aktien stehen für Leerverkäufe zur Verfügung. Informieren Sie sich, ob bestimmte Werte verfügbar sind, wenn Sie diese als besonders wichtig erachten. Bei der Aktienleihe müssen Sie sehr genau auf alle Modalitäten und Kosten achten. Wichtige Fragen sind unter anderem:

– Wie viel kostet mich die Aktienleihe pro Jahr?
– Kann die Depotbank die Leihe jederzeit kündigen?
– Wie viel Kapital muss ich für diese Leihe hinterlegen?
– Muss ich für die Aktienleihe Bargeld oder andere Wertpapiere vollumfänglich (das bedeutet im Gegenwert von 50.000 Euro) hinterlegen oder reichen auch 10.000 oder 20.000 Euro als Sicherheit?
– Wie hoch sind meine Transaktionskosten im Einzelnen und insgesamt?
– Gibt es weitere Kosten, wie zum Beispiel Forex-Gebühren, wenn ich in einer anderen Währung leerverkaufe?
– Rentiert sich der Leerverkauf noch, wenn ich alle diese Kosten in Betracht ziehe?

Falls die Aktienleihe nicht vollumfänglich mit Bargeld oder werthaltigen, liquiden und leihbaren Wertschriften hinterlegt ist, zahlen Sie auf den Differenzbetrag Zinsen. Diese Art von Leihe beinhaltet auch eine Hebelwirkung (Leverage). Das bedeutet, dass Ihre Verluste größer werden, wenn der Aktienkurs steigt, und ihre Gewinne größer werden, wenn er fällt. Falls Sie mit »Leverage« arbeiten wollen, müssen Sie wissen, bei welchem Verlust ein »Margin Call« eintreten wird. Ein »Margin Call« bedeutet, dass die Depotbank beziehungsweise der Broker mehr Sicherheiten für diese Transaktion einfordert. Dies bedeutet in der Regel, dass Sie der Depotbank beziehungsweise dem Broker mehr Kapital zukommen lassen müssen. Falls das Unternehmen während der Zeit der Aktienleihe eine Dividende zahlt, steht diese dem Eigentümer und nicht dem Leerverkäufer der Aktien zu. Für diese Dividende sind daher Sie verantwortlich und Sie müssen diese zahlen! Das kann bei hohen Dividenden sowie bei Sonderdividenden teuer werden. Aus heutiger Sicht sind die beiden einzigen Broker, die für deutsche Privatanleger in Frage kommen, CapTrader oder Interactive Brokers:

https://www.captrader.com/de/

https://www.interactivebrokers.com/de/home.php

Die Erwähnung dieser beiden Broker kommt keiner Empfehlung gleich. Ich rate Ihnen, Ihre eigenen Hausaufgaben zu machen und die Kosten und Dienstleistungen beider Gesellschaften genauestens zu prüfen. Eines ist klar: Ich kenne viele sehr professionelle Investoren, die mit diesen Brokern zusammenarbeiten. Wenn Sie noch keine Erfahrungen im Bereich Leerverkauf und Derivate gesammelt haben, empfehle ich Ihnen, sich erst einmal mithilfe eines Demo-Kontos an diese hochspekulativen Produkte heranzutasten. Handeln Sie an der Börse nichts, was Sie nicht hundertprozentig verstehen.[81]

Für weitere Informationen rund um das Thema Leerverkauf schauen Sie in mein Buch *Die Kunst des Leerverkaufes*. Das Buch stellt eine Grundlektüre zu diesem Thema dar.

---

[81] Diese Passage ist ein Auszug aus meinem Buch *Die Kunst des Leerverkaufes.*

Was sind Derivate?

Mithilfe von Derivaten kann auf Kurse, Preise und Indizes gewettet werden. Derivate sind Finanzprodukte, die sich am Wert anderer Finanzprodukte, ihrem sogenannten Basiswert, orientieren. Sie leiten ihren Wert von dem zugrunde liegenden Basiswert, zum Beispiel einem Aktienkurs, ab (lat. derivare = ableiten). Mit einem Derivat lässt sich folglich auf Wertsteigerungen und Wertverluste von anderen Finanzprodukten wetten. Durch Derivate lässt sich das eigene Portfolio an der Börse absichern, indem man auf den Wertverlust der Titel seines Portfolios wettet. Unterschreiten die Werte im Portfolio einen gewählten Kurs, so gewinnen gleichzeitig die eingesetzten Derivate an Wert. Das führt, je nach Risikobereitschaft, dazu, dass der Wertverlust des Portfolios nach unten begrenzt wird. Auf der anderen Seite verlieren die Derivate an Wert, wenn das eigene Portfolio an Wert gewinnt. Portfolio-Absicherungen dämpfen somit extreme Wertzuwächse und extreme Wertverluste. Für manche Derivate muss eine Gebühr bezahlt werden, ähnlich wie bei einer Versicherung. Wenn Sie die Derivate richtig einsetzen, dann haben Sie eine Portfolio-Absicherung, die wie ein langgezogenes Gummiband immer mehr absichert, je weiter die Kurse des Portfolios fallen. Eine Absicherung des Portfolios ist für professionelle Anleger unabdingbar. Es gibt kaum einen Grund, warum Sie als Privatanleger sich nicht absichern sollten. Gerade in dieser schwierigen Phase ist dies dringend zu empfchlcn.

Natürlich können Sie mithilfe von Derivaten auch mehr tun als bloß Ihr Portfolio abzusichern. Wer auf bestimmte Kursverluste setzt, kann unter Umständen eine hohe Rendite erzielen, wenn die Kurse wirklich einbrechen. Dieser Ansatz ist riskanter als die Portfolio-Absicherung, kann aber in einer Phase fallender Kurse zu einem wachsenden Portfoliowert führen. Am Ende entscheiden Sie, was Sie tun. Das Minimum sollte jedoch eine Portfolio-Absicherung sein.

Welche Derivate gibt es und wie funktionieren sie?

Zur Gruppe der Derivate gehören unzählige Unterkategorien. Die wichtigsten Derivate sind Optionen, Futures, Swaps und Zertifikate. Sie sind bei den namhaften Brokern handelbar und wetten auf die ihnen zugrunde liegenden Basiswerte. Die Basiswerte können Aktien, Anleihen, Rohstoffe, Währungen, Indizes oder Zinsen sein.

Optionen

Zu den Optionen gehören Puts (Verkaufs-Optionen) und Calls (Kauf-Optionen). Wenn Sie auf steigende oder fallende Kurse eines Basiswertes setzen wollen, müssen Sie nicht zwangsweise diesen Wert kaufen oder leerverkaufen. Bei Aktien können sie beispielsweise eine Option auf den Kurs einer Aktie kaufen, anstatt die Aktie als solche. Sie bezahlen nur den Preis der Option, egal wie hoch oder niedrig der Kurs der Aktie in der Zukunft sein wird. Ihre Kosten beschränken sich somit lediglich auf den Preis der Option sowie die dazugehörigen Transaktionskosten. Eine Option gibt Ihnen die Möglichkeit, also ein Anrecht, etwas auszuführen. Puts geben Ihnen das Recht, den Basiswert zu einem vorher festgelegten Preis und Zeitpunkt zu verkaufen, Calls geben Ihnen das Recht, den Basiswert zu einem vorher festgelegten Preis zu kaufen. Niemand zwingt Sie dazu, die Option auszuüben, jedoch verfällt das Recht nach einer vorher festgelegten Laufzeit und die Option wird wertlos. Vereinfacht gesagt, können Sie bei einem Aktienkurs von 100 Euro eine Put-Option mit Strikeprice 98 Euro kaufen, die es Ihnen erlaubt, die Aktie zu einem Kurs von 98 Euro zu verkaufen. Sie erwarten, dass der Kurs sinken wird. Fällt der Kurs tatsächlich auf unter 98 Euro, werden Sie Ihr Optionsrecht ausüben. Liegt etwa der Kurs bei 90 Euro, machen Sie 8 Euro Gewinn, da Sie die Aktie aufgrund ihrer Option für 98 Euro verkaufen dürfen. Liegt der Aktienkurs über dem Strikeprice von 98 Euro, würden Sie

Ihre Option niemals ausüben, da Sie ansonsten einen sicheren Verlust erzielen würden. Die Option verfällt stattdessen wertlos, wie übrigens circa 80 Prozent aller Optionen. Sie machen also mit einer Put-Option dann einen Gewinn, wenn der zugrunde liegende Basiswert unter dem Strikeprice der Option liegt. In der Praxis müssen Sie zusätzlich die Kosten der Option berücksichtigen. Calls verhalten sich exakt gegensätzlich zu Puts. Sie geben Ihnen das Recht, einen Basiswert – wie zum Beispiel eine Aktie – zu einem festgelegten Strikeprice zu kaufen. Der Preis einer Option wird hauptsächlich über ihre Laufzeit und ihren Strikeprice determiniert, die genaue Berechnung des Preises ist aber in der Praxis deutlich komplexer. »Europäische Optionen« erlauben es Ihnen, die Option nur zum Ende der Laufzeit auszuüben, während »amerikanische Optionen« eine Ausübung zu jedem beliebigen Zeitpunkt innerhalb der Laufzeit ermöglichen. Dies macht »amerikanische Optionen« in der Regel jedoch etwas teurer als »europäische«. Der Name steht lediglich für den Optionstyp. In der Praxis werden Puts oder Calls, die »im Geld«, also gewinnträchtig sind, typischerweise vor Ende ihrer Laufzeit am Markt verkauft, ohne dass die Option ausgeübt wird. Da der Wert der Option gestiegen ist, erzielen Sie auf diese Weise eine Rendite. Das Interessante an Optionen ist, dass Sie einen erheblich geringeren Kapitalaufwand haben, als durch einen Direktkauf oder Leerverkauf der Aktie beziehungsweise des sonstigen Basiswerts. Das erhöht Ihren Return on Capital enorm und macht besonders Puts attraktiv für die Portfolio-Absicherung. Würden Sie eine Aktie zum Preis von 100 Euro kaufen und sie steigt um 2 Prozent, haben Sie auch eine Rendite von 2 Prozent erzielt. Bei Optionen ist der Hebel weitaus größer, sodass Sie schnell 20 Prozent und mehr auf Ihr eingesetztes Kapital erwirtschaften können. Dieser Vorteil macht Optionen so attraktiv, denn das Risiko bleibt schließlich auf den Preis der Option begrenzt. Aufgrund der hohen Kontraktgrößen sind die Einsatzmöglichkeiten für Kleinanleger jedoch begrenzt. Auf der Webseite der Eurex erhalten Sie weitere Informationen und Kursdaten: http://www.eurexchange.com/exchange-en/products/equ/opt

Verwechseln Sie Optionen nicht mit Optionsscheinen. Der Unterschied besteht darin, dass Optionsscheine von Banken emittiert werden. Einen Optionsschein kaufen Sie stets einer Bank ab, die ihn emittiert hat. Während der faire Preis von Optionen am Markt bestimmt wird, legen bei Optionsscheinen die Emittenten den Preis ihres Produktes fest, Manipulationsgefahr inklusive. Vergessen Sie bei Optionsscheinen niemals das Emittentenrisiko, also das Risiko, dass der Emittent in die Insolvenz rutscht. Das Emittentenrisiko ist meiner Meinung nach von so hoher Bedeutung, dass sich Optionsscheine nicht als Portfolio-Absicherung eignen. Denn gerade in fallenden Märkten steigt das Insolvenzrisiko von Banken sehr stark. Sie können sich nicht hundertprozentig auf Ihre Absicherungen verlassen, weil Sie nicht wissen, ob Sie von der Bank am Ende ausgezahlt werden. Greifen Sie also besser nicht auf Optionsscheine zur Portfolio-Absicherung zurück. Optionen haben dieses Risiko nicht, da sie nicht emittiert werden. Außerdem fließen in den Preis der Optionsscheine zusätzlich die Kosten für Werbung, Marketing und Vertrieb der Emittenten ein.

Und noch eine Wertpapiergattung wird als Alternative zu Optionen häufig angeboten: Knock-out-Zertifikate. Sie verhalten sich ähnlich wie Optionsscheine, besitzen jedoch keine feste Laufzeit. Es wird ein Strikeprice gewählt, der in der Regel die Schwelle definiert, die nicht unterschritten (Call) oder überschritten (Put) werden darf. Geschieht dies, so verfällt das Knock-out-Zertifikat wertlos. Auf der anderen Seite hingegen sind bei richtiger Einschätzung sehr große Renditen möglich. Diese Zertifikate sind jedoch hoch riskant und spekulativ, weshalb sie in keinem seriösen Portfolio etwas verloren haben.

Die eigentlich interessanten Tools sind aber die Short Calls und die Short Puts. Hier treten Sie als Verkäufer eines Puts oder eines Calls auf. Bei jedem Call oder Put, den Sie kaufen, gibt es nämlich eine Gegenseite, die Ihnen die Option gewährt. Bei den zuvor beschriebenen Calls und Puts agieren Sie als Käufer der Option. Es sind also

Long Calls und Long Puts. Jeder Long-Option muss eine Short-Option gegenüberstehen. Die Long-Seite darf hat also die Wahl, die Option auszuüben oder auch nicht. Die Short-Seite hat diese Wahl nicht: Will der Käufer der Option diese ausüben, dann ist ihr Verkäufer verpflichtet, diesem Wunsch nachzukommen. Da ungefähr 80 Prozent aller Long Calls und Long Puts wertlos verfallen, heißt dies im Umkehrschluss, dass 80 Prozent aller Short Calls und Short Puts gewinnen. Bei einem Short Call können Sie maximal die Gebühr einnehmen, die Ihnen die Käuferseite für die Option zahlt. Halten Sie beispielsweise eine Aktie bei einem Kurs von 100 Euro, können Sie einen Call (für Sie ein Short Call) anbieten und dabei den Strikeprice und die Laufzeit bestimmen. In diesem Beispiel gehen wir von einem Strikeprice von 105 Euro aus. Sie erhalten vom Käufer die Gebühr, sind aber verpflichtet, ihm die Aktie zu verkaufen, sobald er seine Option ausübt. Die Long-Seite eines Calls hat schließlich das Kaufrecht für eine Aktie zu einem Preis von 105 Euro gekauft. Der Käufer wird die Option jedoch nur dann ausüben, wenn der Preis der Aktie über dem Strikeprice von 105 Euro liegt. Das heißt, wenn der Kurs Ihrer Aktie fällt, erhalten Sie wenigstens die Gebühr der Option als Entschädigung, denn die Call-Option wird in diesem Fall niemals ausgeübt. Steigt der Wert Ihrer Aktie über einen Wert von 105 Euro, müssen Sie dem Käufer Ihrer Call-Option die Aktie zu einem Preis von 105 Euro verkaufen. In diesem Szenario hätten Sie einen Verlust realisiert, da der eigentliche Wert Ihrer Aktie höher ist als der Wert, zu dem Sie sie verkaufen mussen.

Short Puts funktionieren analog zu den Short Calls. Hier verkaufen Sie der Long-Seite die Option, eine Aktie zu einem bestimmten Preis an Sie absetzen zu dürfen. Im besten Fall steigt der Kurs des Basiswerts und Sie erhalten die Gebühr für das Verkaufsrecht des Käufers. Im schlechten Fall sinkt der Kurs des Basiswerts unter den Strike und der Käufer übt seine Verkaufsoption aus. Dann müssen Sie ihm den Basiswert unter dessen aktuellem Wert abkaufen und realisieren einen Verlust.

Optionen können covered (gedeckt) oder uncovered (ungedeckt) sein. Bei gedeckten Short Calls muss sich der jeweilige Basiswert im Besitz des Optionsverkäufers befinden, während Sie bei ungedeckten Short Calls als Optionsverkäufer nicht im Besitz des Basiswertes sein müssen. Stattdessen müssen Sie Sicherheiten hinterlegen, um die Vertrags-Erfüllung zu gewährleisten. Ungedeckte Optionen sind weitaus riskanter, da in der Theorie der mögliche Verlust unbegrenzt ist. Ihr Vorteil besteht darin, dass Ihr Kapital nicht an den Basiswert gebunden ist.

Aus den vier Optionstypen (Long Call, Long Put, Short Call, Short Put) lassen sich viele Strategien ableiten. Eine von ihnen ist der sogenannte »Protective Put«. Dies ist eine Strategie, die ich jedem empfehle, der hauptsächlich long investiert ist. Sie kombinieren Ihre Long-Position mit einem Long Put auf denselben Wert. Wenn der Wert Ihrer Aktie fällt, steigt zeitgleich der Wert Ihres Puts. Analog dazu der »Protective Call«, mit dem Sie Ihre Short-Position absichern können, wenn Sie zusätzlich einen Long Call kaufen.

Bei sogenannten Spread-Strategien können Sie auf einen steigenden oder fallenden Kurs setzen. Bei der Spekulation auf einen leicht steigenden Kurs des Basiswertes kaufen Sie einen Long Call und einen Short Call, wobei der Strikeprice des Long Calls niedriger sein sollte als der des Short Calls (»Bull Spread«). Bei einem »Bear Spread« setzen Sie auf einen leicht fallenden Kurs, indem Sie dieselben Optionen kaufen wie beim »Bull Spread«, nur das nun der Strikeprice des Short Calls niedriger sein sollte als der des Long Calls.

Es gibt auch Strategien, mit denen Sie auf die Volatilität setzen können. Bei einem »Straddle« profitieren Sie von Kursschwankungen. Hierfür benötigen Sie einen Long Call und einen Long Put mit identischen Strikeprices und Laufzeiten. Spekulieren Sie auf eine niedrige Volatilität, benötigen Sie das Gegenteil, einen Short Call und einen Short Put mit identischen Strikeprices.

Eine Bären-Strategie ist das »Uncovered Call Writing«, bei der Sie einen ungedeckten Short Call anbieten. Sie machen Gewinn, wenn der Kurs des Basiswertes sinkt. Dann kassieren Sie die Gebühr, ohne den Basiswert jemals besessen zu haben. Eine weitere Bären-Strategie ist der »Bear Put Spread«. Hierfür benötigen Sie eine Put-Option (long) mit hohem Strikeprice, die weit »im Geld« ist, und verkaufen zeitgleich eine Put-Option (short) mit niedrigerem Strikeprice, die »nicht im Geld« ist. Achten Sie darauf, dass die Laufzeiten der beiden Optionen gleich sind. Mit dem Short Put wird der Preis der Bären-Position verringert, jedoch ist der Gewinn auch nicht so hoch, wenn der Kurs stark fällt.

Futures

Futures sind Terminkontrakte, die sich entweder auf Wertpapiere oder auf Rohstoffe beziehen. Es wird dabei ein Preis festgelegt, zu dem zwei Parteien bereit sind, an einem bestimmten Termin in der Zukunft eine festgelegte Anzahl an Wertpapieren oder Rohstoffen zu handeln. Eine Partei stellt den Käufer (long) und die andere Seite den Verkäufer (short) dar. Angebot und Nachfrage bestimmen den Kurs eines Futures. Die Kosten sind weitaus geringer als bei Optionen, jedoch müssen bei Futures teilweise Sicherheitsleistungen vorgeschossen werden, um die Erfüllung des Futures zu gewährleisten. Futures eignen sich besonders, um gewisse Risiken abzusichern (Hedging). So können beispielsweise existenzielle Risiken abgesichert werden, bei denen man keine Schwankungs-Toleranzen hat.

Bei Zins-Futures werden ein Betrag, ein Fälligkeitstag und der Kurs eines Basiswerts gewählt. Der Basiswert bei einem Zins-Future bezieht sich dementsprechend auf eine Zins-Anlage, häufig eine Anleihe. Auch Zins-Futures werden an Terminbörsen gehandelt, wie zum Beispiel an der Eurex. Sobald die Zinsen steigen, fällt der Kurs der Anleihe, da die Verzinsung nun weniger attraktiv geworden ist und umgekehrt. Am Stichtag wird bei einem Finanz-Future die Differenz zwischen dem vereinbarten Kurs und dem aktuellen Kurs ausgezahlt. Hierbei ist wirklich nur die Differenz entscheidend und auch nur diese wird entweder dem Käufer oder dem Verkäufer des Zins-Futures zugeschrieben. In der Praxis werden sie jedoch häufig aufgrund des gestiegenen Wertes an der Börse weiterverkauft. Dieses Instrument bietet also eine Möglichkeit, sich bereits heute gegen steigende oder sinkende Zinsen in der Zukunft abzusichern und sich davon unabhängig zu machen. Wer sinkende Zinsen erwartet, kauft einen Zins-Future und profitiert am Ende der Laufzeit vom gestiegenen Kurs der Anleihe. Wer steigende Zinsen erwartet, verkauft einen Zinsfuture. Der Vorteil gegenüber Optionen ist, dass vorab keine Prämien gezahlt werden müssen. Dafür kann jedoch ein möglicher Verlust weitaus höher ausfallen.

Mit Index-Futures kann auf steigende und sinkende Indizes gesetzt werden. Gegebenenfalls kann damit auch eine Absicherung gegen Schwankungen erfolgen. Der Index-Future leitet seinen Preis von dem ihm zugrunde liegenden Index ab. Es gibt Index-Futures auf den DAX, den S&P 500, den Stoxx Europe 50 und auf viele weitere Indizes. Halten Sie viele US-amerikanische Aktien, dann können Sie mithilfe eines Short auf den S&P 500 Index-Future Ihre Verluste begrenzen, falls der Gesamtmarkt inklusive Ihrer Aktien Kursverluste erleidet. Sie können auf der anderen Seite Index-Futures auch als Spekulations-Instrument verwenden, da sie eine kostensparende (Sie müssen nicht jede Aktie einzeln kaufen oder leerverkaufen) und liquide Möglichkeit bieten, an Kurssteigerungen oder Kursrückgängen von einem breiten Spektrum an Aktien zu partizipieren. Auch bei Index-Futures kann mit Hebeln gearbeitet werden, um sich einen noch größeren Zugang zum Markt zu verschaffen. Hierfür muss eine Margin, sprich eine Sicherheitsleistung, hinterlegt werden, die einem Teil Ihres Gesamt-Portfolios entspricht.

Der Mini-DAX-Future (FDXM) hat beispielsweise standardmäßig einen Wert von 5 Euro pro DAX-Punkt.[82] Somit kann also bei jeder Punktbewegung des DAX ein Verlust oder ein Gewinn von 5 Euro realisiert werden. Liegt der DAX bei 12.500 Punkten und Sie kaufen (long) einen Mini-DAX-Future zu diesem Kurs, spekulieren Sie auf einen Anstieg des DAX. Der Wert dieses Kontraktes berechnet sich aus dem Kurs mal den Preis pro Punkt: 12.500 x 5 Euro = 62.500 Euro. Da jedoch nicht der gesamte Betrag bezahlt, sondern nur eine Margin hinterlegt werden muss und auch nur die Veränderung verrechnet wird, entsteht eine Hebelwirkung. Als Faustformel lässt sich festhalten: Die Initial-Margin (Einschuss-Margin) beträgt circa 5 Prozent, die Overnight-Margin ist mit circa 10 Prozent doppelt so hoch. Dieser Betrag wird auf Ihrem Brokerkonto gesperrt und steht nicht für weitere Transaktionen zur Verfügung. Zusätzlich müssen Sie bei Kursverlusten mit einem Margin Call (Nachschusspflicht) rechnen. Wenn der DAX nun um 50 Punkte steigt, gewinnt auch Ihr Future an Wert und Sie können einen Gewinn von 250 Euro[83] erzielen. Dies funktioniert selbstverständlich auch in die andere Richtung, sodass Sie von einem sinkenden Index profitieren können (short). Es empfiehlt sich, mindestens 5.000 Euro für einen Handel des Mini-DAX-Futures zur Verfügung zu haben. Sie sehen, dass diese Form der Absicherung oder Spekulation recht schnell sehr teuer werden kann. Wem das zu viel ist, der kann stattdessen auf die weniger kapitalintensiven, jedoch etwas riskanteren Contracts for Differences (CFDs) zurückgreifen. Ein DAX-CFD ist unter Umständen für Sie die bessere Wahl. Beachten Sie aber, dass stets zusätzlich Transaktionskosten anfallen und der Handel mit Derivaten hochspekulativ ist.

---

[82] DAX: 25 Euro; MDAX: 5 Euro; TecDAX: 10 Euro; S&P 500 (mini): 50 Euro; NASDAQ 100 (mini): 20 Euro

[83] 50 Punkte x 5 Euro pro Punkt = 250 Euro

Swaps

Swaps funktionieren ähnlich wie Termingeschäfte. Auch sie eignen sich als Risikoabsicherungs-Tool oder Spekulationsobjekt. Zwei Parteien tauschen quasi Finanzgegenstände aus. Häufig tauscht dabei eine Partei einen variablen Cashflow gegen einen fixen Cashflow. Hält ein Anleger zum Beispiel ein Produkt mit variablem Zinssatz und möchte er dem Risiko der Volatilität entgehen, tauscht er diesen variablen Zinssatz gegen einen fixen. Der andere Anleger hofft auf sinkende Zinsen und möchte seine fixe Verzinsung gegen eine variable tauschen, um bei sinkenden Zinsen zu profitieren. Diese Form des Swaps wird Zinsswap genannt. Es handelt sich dabei um eine gute Möglichkeit, sich gegen Zinsschwankungen abzusichern oder darauf zu spekulieren.

CFDs

Contracts for Difference (CFDs) sind Differenzkontrakte, es handelt sich dabei um Hebelprodukte, mit denen man auf die Wertentwicklungen von Wertpapieren, beispielsweise von Aktien, setzen kann. Wie üblich bei Derivaten muss auch bei CFDs der zugrunde liegende Basiswert nicht extra ge- oder verkauft werden. Es handelt sich im Grunde nicht um den Erwerb einer Aktie, sondern um den Erwerb einer Forderung auf einen Differenzausgleich. Dies hat den Vorteil, dass man nicht nur long (Kauf eines CFDs), sondern auch short (Verkauf eines CFDs) sein kann. Hinzu kommt, dass CFDs nicht an der Börse gehandelt werden, sondern OTC (Over the Counter). Der Vertrag wird also direkt mit dem Broker (Market-Maker) geschlossen. Ist ein Anleger long, so wettet er auf eine Kurssteigerung, ist er short, auf einen Kursrückgang. Je größer bzw. kleiner die Differenz des Basiswertes zum Ursprungskurs wird, desto größer ist der Gewinn bzw. Verlust des CFD. Ähnlich wie beim Leerverkauf gibt es auch bei den CFDs den sogenannten Margin Call (Nachschusspflicht), weshalb auch diese Derivate immer das Risiko des Totalverlusts mit sich bringen. Ein maßgeblicher Grund, warum für einige Anleger CFDs besonders attraktiv wirken, ist die Hebelwirkung, wie in Abbildung 61 dargestellt.

	Aktie	Aktien-CFD	Index-CFD
Hebel	1	10	100
Margin (in %)	100	10	1
Kapitaleinsatz (EUR)	1.000	1.000	1.000
Kapital (mit Hebel)	1.000	10.000	100.000
Gewinn (EUR)	20	200	2.000

Abbildung 61: Entwicklung von CFDs bei einem Verlust des Basiswerts um 2 Prozent

In der Spalte »Aktie« handelt es sich um einen gewöhnlichen Aktien-Leerverkauf. Die Aktie verliert um 2 Prozent an Wert, und Sie machen daher einen Gewinn von 20 Euro. Verkaufen Sie einen CFD-Kontrakt, und der Basiswert (zum Beispiel einer Aktie) fällt um 2 Prozent, liegt Ihr Gewinn bei 200 Euro. Der ursprüngliche Wert des CFDs beläuft sich auf 10.000 Euro (inklusive Hebel). Er verliert 2 Prozent an Wert, also ist er nur noch 9800 Euro wert. Zwar sinkt der Wert des CFDs, aber Sie haben durch den Verkauf dieses Kontrakts eine Short-Position eingenommen und Ihren Gewinn durch den Hebel von 10 verzehnfacht. Dasselbe Prinzip gilt beim Index-CFD, nur hier ist der Hebel 100 und der Gewinn hat sich verhundertfacht.

Selbstverständlich können Spielchen mit Hebel auch gegen Sie verlaufen. Wäre im eben genannten Beispiel der Basiswert um denselben Prozentsatz gestiegen, hätte sich Ihr Verlust vervielfacht. Der Hebel ist ein Spiel mit dem Feuer und sollte daher nur äußerst bedacht eingesetzt werden.

Anderseits müssen Sie diesen Hebel auch nicht nutzen. Ich kenne CFD-Trader, die bewusst ohne Hebel oder nur mit einem geringen Hebel arbeiten. Eines sollten Sie auf jeden Fall eruieren, wenn Sie erwägen, eine Aktie leerzuverkaufen oder über einen CFD zu shorten: Vergleichen Sie Preise und Kosten. Achten Sie besonders auf die Geld- und Briefspannen und bei den CFDs auf die Kursabweichungen vom Hauptmarkt. Bei gewissen CFDs sollten Sie unbedingt auf die Handelsvolumina achten. Oft ist der CFD-Markt weniger liquide und wesentlich teurer als der Hauptmarkt, an dem ein Titel gehandelt wird, obwohl beim CFD meistens keine direkten Transaktionskosten entstehen. Die Makler leben meist von der größeren Geld-Brief-Spanne. Meistens entstehen dem Kunden relativ große Transaktionskosten, die für Neueinsteiger nicht erkenntlich sind. Bei starken Kursbewegungen stellen die Makler nicht immer korrekte Kurse, bei massiven Kursstürzen kann es vorkommen, dass es zu wenig Kaufangebote gibt und dass Sie Ihre Aktien nicht richtig verkaufen beziehungsweise handeln können.[84] Die Margin, die Sie bei einem Aktien-CFD bereitstellen müssen, liegt in der Regel bei 5 bis 10 Prozent und für Index-, Rohstoff- und Währungs-CFDs bei 1 Prozent.[85] CFDs sind im Vergleich zu Futures deutlich weniger kapitalintensiv und daher wahrscheinlich besser für den Kleinanleger geeignet, wenngleich die Risiken etwas höher sind. CFDs werden schließlich nicht an der Börse gehandelt und unterliegen somit keiner transparenten und behördlichen Überwachung. Eine gute dokumentierte Ausnahmesituation ereignete sich im Januar 2015, als die Schweizer Notenbank die Aufhebung der Kopplung des Schweizer Franken an den Euro bekanntgab. Zeitweise war das Währungspaar EUR/CHF aufgrund der hohen Kursveränderung nicht mehr handelbar, und viele Anleger mit hoch gehebelten CFDs verloren/gewannen eine Menge Geld an diesem Tag.

---

[84]   Diese Passage ist ein Auszug aus meinem Buch *Die Kunst des Leerverkaufes*.
[85]   Ausnahme: 5 Prozent bei S&P 500.

Variabel verzinsliche Anleihen (Floating-Rate Notes)

Variabel verzinsliche Anleihen sind Anleihen, bei denen sich der Zinssatz stets nach Ablauf einer Zinsperiode ändert. Eine Zinsperiode kann beispielsweise über drei, sechs oder zwölf Monate gehen. Der jeweilige Zinssatz einer Periode ist abhängig von einem Basiszinssatz. Dieser Basiszinssatz kann sich zum Beispiel nach dem LIBOR (London Interbank Offered Rate) oder dem EURIBOR (European Interbank Offered Rate) richten. Wie die Namen schon andeuten, handelt es sich bei den genannten Geldmarktsätzen um die Refinanzierungszinssätze, zu denen sich Banken untereinander Geld leihen. Die variabel verzinsliche Anleihe nimmt einen solchen Zinssatz als Basis und adjustiert ihn, um die individuelle Zinszahlung festzulegen. Der entscheidende Vorteil, den diese Anleihen gegenüber anderen festverzinslichen Wertpapieren haben, ist, dass sie relativ stabil im Kurs bleiben. Dies ist möglich, da sich der Zins stetig an die neuen Marktverhältnisse anpasst und somit weder attraktiver noch unattraktiver gegenüber neu emittierten Anleihen wird. Sogenannte Cap-Floater sind variabel verzinsliche Anleihen, bei denen die maximal mögliche Zinshöhe gedeckelt ist. Bei Floor-Floatern ist es umgekehrt, ihre Zinsen sind nach unten begrenzt, weshalb sie eine Mindestzinszahlung garantieren. Eine Kombination aus Cap-Floater und Floor-Floater wird Collar genannt. Bei ihnen ist die Zinszahlung sowohl nach oben als auch nach unten begrenzt. Wer eine Verzinsung haben möchte, die sich gegenläufig zum Markt anpasst, kann auf Reverse-Floater zurückgreifen.

Eine Übersicht verschiedener variabel verzinslicher Anleihen finden Sie auf der folgenden Webseite. Setzen Sie bei der Auswahl den entsprechenden Filter:

https://www.boerse-stuttgart.de/de/boersenportal/tools-und-services/produktfinder/anleihen-finder/

Wandelanleihen

Eine Wandelanleihe (Convertible Bond) gibt ihrem Besitzer die Möglichkeit, vor Laufzeitende die Anleihe in Aktien des Unternehmens zu wandeln. Die genaue Stückzahl der Aktien wird bereits bei der Emission der Anleihe festgelegt. Eine gute Strategie besteht darin, Wandelanleihen von Start-ups zu kaufen, denn Sie können schließlich selbst entscheiden, wann Sie Fremdkapital in Eigenkapital umwandeln möchten. Gerade bei Start-ups und Unternehmen in entscheidenden Phasen könnte dies von großem Vorteil sein. Denn schafft es das Unternehmen, aus der schwierigen Phase herauszukommen, und erweisen sich seine Projekte als profitabel, steigt für gewöhnlich auch der Aktienkurs. In diesem Fall wandeln Sie Ihren Gläubigeranspruch auf Rückzahlung des investierten Geldes in Aktien des Unternehmens, denn in der Regel sind die Aktien nun mehr wert als der Nennwert der Anleihe. Geht das Projekt schief oder schafft es das Unternehmen nicht, sich in der schwierigen Phase zu behaupten, wird wahrscheinlich der Aktienkurs sinken und Sie sind gut beraten, sich weiterhin auf den Nennwert der Anleihe zu berufen und am Ende der Laufzeit auf dessen Rückzahlung zu bestehen. In beiden Fällen wählen Sie natürlich das Maximum aus dem Nennwert der Anleihe und dem Wert der festgelegten Aktienanzahl. Im schlechtesten Fall bleiben Sie weiterhin Gläubiger des Unternehmens. Beispiel: Der Nennwert einer Wandelanleihe beträgt 10.000 Euro, die Anzahl der Aktien, in die Sie die Anleihe umwandeln können, beträgt 100 Stück und der aktuelle Aktienkurs liegt bei 100 Euro. Steigt der Aktienkurs auf über 100 Euro, werden Sie die Aktien bevorzugen, sinkt der Aktienkurs unter 100 Euro, belassen Sie es bei der Anleihe. Eine solche Mischung aus Fremd- und Eigenkapitalfinanzierung eines Unternehmens wird auch als Mezzanine-Finanzierung bezeichnet. In der Regel ist der Zinssatz einer Wandelanleihe aufgrund ihrer Wandeloption geringer als der einer normalen Anleihe. Achten Sie bei sogenannten Contingent Convertible Bonds (CoCo-Bonds) darauf, dass diese nach vorher festgelegten Wandlungskriterien automatisch in Eigenkapital gewandelt werden können.

Devisengeschäfte

Bei Devisengeschäften geht es um den Handel mit Währungen. Dieser Handel findet am Devisenmarkt, dem Foreign Exchange Market, kurz Forex, statt und ist der größte Finanzmarkt der Welt. Ein wichtiges Motiv für Devisengeschäfte ist die Währungsabsicherung, mit der Sie Ihr Portfolio vor Wechselkursschwankungen schützen können. Es könnte ansonsten nämlich der Fall eintreten, dass Ihre Aktien enorm an Wert verlieren, ohne dass deren Kurse massiv einbrechen. Der Grund liegt im Währungsrisiko, welches Sie bei ausländischen Aktien stets tragen. Die Möglichkeit, sich davor zu schützen, finden Sie im Devisenhandel, wenngleich erwähnt werden muss, dass dieses Risiko für Privatanleger in der Regel von sehr geringer Bedeutung ist. Sie sollten es dennoch kennen. Es gibt auch am Devisenmarkt sogenannte Devisen-Termingeschäfte, Devisen-Swapgeschäfte und Devisen-Optionsgeschäfte. Darüber hinaus können Sie mithilfe von Devisengeschäften auch auf steigende oder sinkende Währungen spekulieren, denn Ihnen stehen dazu dieselben Werkzeuge wie beim Aktienhandel zur Verfügung. Für Währungsspekulationen eignen sich meiner Meinung nach CFDs am besten. Bei dieser Kategorie von Derivaten ist die Margin mit 1 Prozent überschaubar und wenig kostenintensiv. Mithilfe von CFDs profitieren Sie direkt von der Kursveränderung, ohne die jeweilige Währung wirklich kaufen zu müssen. Beschäftigen Sie sich hierfür intensiv mit dem Abschnitt, in dem es um CFDs geht.

Appendix A: Werkzeuge

Inverse ETFs

Ein Exchange Traded Fund (ETF) ist ein börsengehandelter Fonds, der in der Regel einen Index wie den DAX oder den S&P 500 abbildet. Steigt zum Beispiel der DAX um 1 Prozent, so tut dies auch der ETF. Es gibt jedoch auch die sogenannten inversen ETFs, die das Gegenteil des Index abbilden. Dies bedeutet, dass eine Kursentwicklung von plus einem Prozent im DAX in einem Wertverlust von minus einem Prozent des ETF resultiert. Fällt der DAX aber um 1 Prozent, dann steigt der Wert des ETFs um 1 Prozent. Je nach ETF ist die inverse Entwicklung auch mit Hebel möglich, sodass beispielsweise ein Kursrückgang des DAX um 1 Prozent auch einen Wertzuwachs des ETFs von 2 Prozent mit sich bringen kann.

Ein besonderes Merkmal von inversen ETFs ist jedoch die sogenannte Pfadabhängigkeit. Nehmen wir einen gewöhnlichen Long-ETF, der einen beliebigen Index abbildet, zum Beispiel den DAX. Daneben stellen wir einen inversen ETF, auch Short ETF genannt. Beide ETFs haben zu Beginn den Wert von 500. Am ersten Handelstag steigt der Index um 5 Prozent, also hat der Long-ETF nun einen Wert von 525 und der Short ETF von 475. Am zweiten Handelstag erreicht der Index wieder den Wert 500, was also einem Rückgang von rund 4,76 Prozent entspricht. Der Short ETF wird im Wert steigen (plus 4,76 Prozent). Er wird allerdings nicht mehr auf den ursprünglichen Wert 500 kommen, denn er ist zuvor auf 475 reduziert worden. Bei einem Anstieg um 4,76 Prozent erreicht er nur noch die Marke von rund 497,6. Bei diesem Beispiel handelt es sich um einen Zeitraum von zwei Handelstagen und daher um überschaubare Differenzen. Je länger jedoch der Zeitraum, desto größer ist die Diskrepanz zwischen der eigentlichen Entwicklung des Index und Entwicklung des Short ETFs.[86]

---

[86] Diese Passage ist ein Auszug aus meinem Buch *Die Kunst des Leerverkaufes*.

Appendix B: Glossar

Absolute Capital Management Holding (ACMH):
Eine 2001 von Florian Homm gegründete Hedgefonds-Gesellschaft mit Sitz auf den Cayman Islands

Aktiva:
Summe der Vermögenswerte, die eine Privatperson, ein Unternehmen oder ein Land besitzt

Aktie:
Anteil an einer Aktiengesellschaft (AG), die sich durch Ausgabe von Anteilsscheinen Eigenkapital beschafft

Anleihe:
Verzinsliches Wertpapier, das der Fremdkapitalbeschaffung für Unternehmen oder Staaten dient

Baby-Boomer:
Mensch, der in dem Zeitraum hoher Geburtenraten (1946 bis 1970) geboren wurde

Bail-out:
Unternehmen, Staat oder Individuum, das durch Schuldenübernahme eine Unternehmung vor Zahlungsausfall bewahrt

Baisse:
siehe Bärenmarkt

Bärenmarkt:
Markt mit lang anhaltenden, sinkenden Kursen

Belegschaftsaktien:
Aktien, die von einer Aktiengesellschaft an ihre eigenen Mitarbeiter unter Börsenkurs verkauft werden

Bilanz:
Zum Ende eines Geschäftsjahres erstellte Gegenüberstellung von Einnahmen (Aktiva) und Ausgaben (Passiva)

Bonität:
Maßstab, um die Kreditwürdigkeit eines Schuldners bzw. Anleihe-Emittenten zu bewerten; je kreditunwürdiger der Schuldner, desto höher sind die zu zahlenden Zinsen

Bruttoinlandsprodukt (BIP):
Wert aller in einem Land erbrachten Wirtschaftsleistungen (Waren und Dienstleistungen) innerhalb einer Periode (in der Regel innerhalb eines Jahres)

Bullenmarkt:
Markt mit lang anhaltend steigenden Kursen

Call:
Kaufoption, bei der ein Wertpapier zu einem bestimmten Zeitpunkt zu einem festgelegten Preis erworben werden kann

Cashflow:
Differenz der Einnahmen und Ausgaben; Geldzufluss innerhalb eines Zeitraums

Crash:
Phase mit stark sinkenden Kursen

Debitor:
Schuldner; Kreditnehmer

Deflation:
Abnahme des allgemeinen Preisniveaus über einen längeren Zeitraum

Depotbank:
Kreditinstitut, das Wertpapiere verwahrt und verwaltet

Depression:
Absturz der wirtschaftlichen Gesamtentwicklung durch steigende Arbeitslosigkeit, sinkende Einkommen, fallende Preise sowie Rückgang des Sozialprodukts

Derivat:
Finanzprodukt, das aus einem Basisinstrument (zum Beispiel einer Aktie) abgeleitet wird und von dessen (Preis-)Entwicklung abhängig ist. Beispiele für Derivate sind Optionen, Futures, Zertifikate etc.

Deutscher Aktienindex (DAX):
Börsenindex mit den 30 größten und umsatzstärksten Unternehmen in Deutschland, die an der Frankfurter Börse notiert sind

Dividende:
Anteil des Gewinns, den eine Aktiengesellschaft an ihre Aktionäre auszahlt

Emittent:
Institution oder Person, die Wertpapiere in Form von Aktien, Anleihen oder Optionen ausgibt

Exchange Traded Fund (ETF):
An einer Börse gehandelter Investmentfonds

Federal Reserve Bank (Fed):
Zentralbank der Vereinigten Staaten von Amerika

Fiat-Geld:
Geld ohne Einlösungsverpflichtung (zum Beispiel in Form von Gold oder Silber); Banknoten ohne intrinsischen Wert

Fiskalpolitik:
Zur Verfügung stehende Maßnahmen eines Staates, um in die Konjunktur- und Wachstumspolitik einzugreifen

(Investment-)Fonds:
Ansammlung von Kapital, das der Fondsmanager investiert, um eine
größtmögliche Rendite zu erwirtschaften

Future:
Standardisiertes Wertpapiergeschäft, an das beide Parteien zu einem
bestimmten Zeitpunkt zu einem festgelegten Preis gebunden sind

Gläubiger:
Kreditor; Geldgeber

Goldstandard:
Währungssystem, in dem Gold als Gegenwert zum Papiergeld dient

Hausse:
siehe Bullenmarkt

Hedgefonds:
Investmentfonds, der in Bezug auf die Anlagepolitik weniger gesetz-
licher Regulation unterliegt

Hyperinflation:
Schnelle Zunahme des allgemeinen Preisniveaus, von einer Hyperinflation ist ab circa 20 Prozent Preisanstieg pro Jahr die Rede

Inflation:
Zunahme des allgemeinen Preisniveaus über einen längeren Zeitraum

Junk-Bond:
Risikoreiche Anleihe mit überdurchschnittlicher Verzinsung

Klumpenrisiken:
Häufung von Risiken, weil z.B. (Geld-)Forderungen gegenüber anderen Unternehmen bestehen, die alle nur einer bestimmten Branche
oder Region angehören. Gerät ein Unternehmen in Schwierigkeiten,
ist es aufgrund der Ähnlichkeit der Unternehmen wahrscheinlich,
dass auch die anderen Unternehmen Probleme bekommen

Leerverkauf (Short Sale):
Verkauf von Wertpapieren wie zum Beispiel Aktien, Anleihen etc. auf Leihbasis, über die der Verkäufer/Spekulant zum Verkaufszeitpunkt nicht verfügt

Leitzins:
Von einer Noten- oder Zentralbank festgelegter Zinssatz, zu dem sich eine Geschäftsbank Kapital beschaffen beziehungsweise sich refinanzieren kann

Liquidität:
Fähigkeit eines Unternehmens, Zahlungsverpflichtungen durch flüssige Mittel wie Bargeld jederzeit fristgerecht nachzukommen

Lobbyismus:
Interessenvertretung und Einfluss von einzelnen oder mehreren Interessengruppen auf politische und gesellschaftliche Entscheidungen

MBA (Master of Business Administration):
Postgradueller Studienabschluss, der eine praxisnahe wirtschaftliche Managementausbildung vermittelt

New Economy:
Bezeichnung für einen aufstrebenden Wirtschaftszweig, welcher stark durch informationstechnologiebasierte Produkte geprägt war; Gegenpol zur Old Economy, die auf Warenproduktion ausgerichtet war

Nikkei 225:
Japanischer Aktienindex, bestehend aus den 225 bedeutendsten Aktien des Landes, gleichzeitig wichtigster Aktienindex Asiens

Nostrogeschäfte:
Wertpapiergeschäfte, die die Bank auf eigene Rechnung und eigenes Risiko statt im Auftrag eines Kunden abschließt

Optionen:
Finanzinstrumente beziehungsweise Derivate. Mit dem Kauf einer Option erwirbt der Käufer das Recht, diese Option (zum Beispiel eine

Aktie) zu einem vorher festgelegten Preis zu einem bestimmten späteren Zeitpunkt zu kaufen (Call) oder zu verkaufen (Put)

Passiva:
Bildet auf der rechten Seite einer Unternehmensbilanz die Kapitalherkunft eines Unternehmens ab, wie zum Beispiel Eigenkapital, Verbindlichkeiten etc.

Portfolio:
Zusammenfassung beziehungsweise Gesamtheit des Vermögens und der Investition einer Person oder eines Unternehmens, bestehend aus verschiedenen Vermögenswerten, zum Beispiel Immobilien, Aktien etc.

Private Equity (außerbörsliches Eigenkapital):
Form der Unternehmensfinanzierung beziehungsweise Unternehmensbeteiligung, welche nicht an der Börse handelbar ist. Der Kapitalgeber erwirbt für einen definierten Zeitraum Unternehmensanteile, um sie nach aktivem »Managen« mit möglichst hoher Rendite wieder abzustoßen

Publikumsfonds:
Investmentfonds, welcher von privaten und institutionellen Investoren erworben werden kann. Spezialfonds hingegen sind nur einem begrenzten Anlegerkreis vorbehalten

Put:
Verkaufs-Option, bei der ein Wertpapier zu einem bestimmten Zeitpunkt zu einem festgelegten Preis verkauft werden kann

Quantitative Lockerung (Quantitative Easing, QE):
Form expansiver Geldpolitik durch Ankauf von Staatsanleihen oder Wertpapieren durch eine Zentralbank. Ziel ist die Belebung der Konjunktur und unmittelbare Weiterleitung von Geld in die Finanzmärkte

Rendite (Return):
Erwirtschafteter Ertrag, den ein Investment abwirft; stellt das Verhältnis zwischen eingezahltem und ausgezahltem Kapital dar

Restrukturierung:
Prozesse und Maßnahmen zur Verbesserung, Umgestaltung und Wiederherstellung angeschlagener Unternehmen

Rezession:
Konjunkturphase, in welcher das Wirtschaftswachstum stagnierende oder rückläufige Zahlen aufweist; Vorstufe einer Depression

Russel 2000:
US-amerikanischer Aktienindex, der die nach Marktkapitalisierung 2000 kleinsten Unternehmen des Russell 3000 umfasst

Small-Cap-DAX (SDAX):
Deutscher Aktienindex, der 50 Unternehmen mit geringen Marktkapitalisierungen umfasst

Stoxx Europe 50:
Aktienindex, der die 50 größten europäischen Unternehmen umfasst

Stoxx Europe 600:
Aktienindex, der die 600 größten europäischen Unternehmen umfasst

S&P 500 (Standard & Poor's 500):
Neben dem Dow Jones wichtigster US-amerikanischer Aktienindex, welcher die 500 größten, börsennotierten amerikanischen Unternehmen umfasst

Schattenwährung:
Währung einer Branche, welche nicht die offizielle Staatswährung darstellt

Schwarzer Schwan (Black Swan):
Unvorhergesehenes und höchst unwahrscheinliches Ereignis, welches (wirtschaftliche) Entwicklungen maßgeblich beeinflusst

TecDAX:
Deutscher Aktienindex, der die 30 bis 35 größten Technologiewerte umfasst

Track Record:
Beschreibt eine individuelle chronologische Auflistung und Referenz über die Erfolge von getätigten Investitionen eines Investors, Managers etc.

Value Investing (wertorientiertes Anlegen):
Anlage-Strategie, bei der ein Investor die Aktie eines Unternehmens unter oder über ihrem Realwert kauft oder verkauft

Venture Capital (Risiko- beziehungsweise Wagniskapital):
Form der Unternehmensfinanzierung beziehungsweise Unternehmensbeteiligung mit sehr hohem Risiko, welche nicht an der Börse handelbar ist. Der Fokus der Investition liegt auf Unternehmen, welche sich in der Gründungs- beziehungsweise Startphase befinden

Verbindlichkeit:
Verpflichtungen beziehungsweise Schulden eines Unternehmens gegenüber Dritten; im Gegensatz zu Rückstellungen sind Höhe und Fälligkeit der Verbindlichkeiten bekannt

Volatilität:
Maß, um Kursschwankungen innerhalb eines Zeitraums anzugeben

Weltreservewährung:
International bedeutsame Währung, an der sich andere Staaten bei Währungs- und Transaktionskursen richten; auch Leitwährung genannt

Zins:
Gebühr, die der Schuldner zuzüglich zur Rückzahlung des Kredits zahlt

Zinsoption:
Vereinbarung zwischen zwei Parteien, die dem Käufer der Option das Recht gibt, ein zugrunde liegendes festverzinsliches Wertpapier zu einem fixierten Preis zu kaufen

Appendix C:
Über die Autoren

Florian Homm

Dr. h. c. Florian Homm, MBA, geboren 1959, gehört zu Deutschlands bekanntesten Fondsmanagern. Er ist Absolvent des *Harvard College* 1982 cum laude und begann seine Karriere bei Merrill Lynch in den Bereichen Investmentbanking, Securities Research und Sales. Nach Abschluss der *Harvard Business School* 1987 arbeitete er als Analyst und Fondsmanager bei *Fidelity Management and Research* sowie als Direktor und Leiter des Bereiches Institutionelles Asset Management bei der Bank *Julius Bär AG*. Bei *Tweedy Browne* war Homm geschäftsführender Gesellschafter in Europa. Von 1993 bis 2001 war Homm Gründer und Vorstandsvorsitzender der *Value Management and Research AG* (Börse Frankfurt) und von 2002 bis 2007 Gründer und Chief Investment Officer der *ACMH Gruppe* (Börse London und Frankfurt).

Florian Homm verfügt über vier Jahrzehnte Erfahrung als Nostro-Händler, Venture Capitalist, Investor, Hedgefonds-Manager, Unternehmer und Investmentbanker.

Homm spricht sechs Sprachen, ist ehemaliger Botschafter und UNESCO-Delegierter, ehemals Basketball-Junioren-Nationalspieler und wurde einem breiten Publikum durch die erfolgreiche Sanierung des Fußballvereins Borussia Dortmund (BVB) bekannt.

Sein Track Record beruht zu einem erheblichen Teil auf exzellenter Performance in Krisenjahren und ist bestens dokumentiert. Im Laufe seiner Karriere erhielt Homm eine Vielzahl an Auszeichnungen, unter anderem:

No. 1 Germany Fund 2002–2004 (3 years)	Finanzen
No. 1 European Hedge Fund 1994	HFR, HFI
No. 1 European Hedge Fund 2002	HFR, HFI
No. 1 European Hedge Fund 2005	HFR, HFI
No. 1 US Specialty Fund 1988	Lipper, Fidelity
No. 1 1990 Top European Equity Fund	BJB
No. 1 1994–1997 European Equity Pension Fund	AAA Foundation
No. 1 Best Hedge Fund Group, 2006	Hedge Fund Rev.
No. 1 European Event Driven Fund, 2005	Eurohedge
No. 1 Risk Adjusted Long/Short Fund 2005	Barclay Group
No. 1 Germany Fund over 1, 2 and 3 years, 2004	Micropal
No. 1 European Long Short Fund, 2002	HFI

Heute ist er für *Die Zweite Meinung GmbH* im Bereich Business Development, Research und Investmentcoaching tätig. Florian Homm ist praktizierender Christ und engagiert sich neben seiner beruflichen Tätigkeit für karitative Zwecke.

Jannis Ganschow

Jannis Ganschow absolvierte ein Studium in Betriebswirtschaftslehre an der Universität Mannheim und arbeitete als Trainee bei Florian Homm.

Formatierung/Umsetzung
Florian Müller

Diplom-Kaufmann Florian Müller ist seit ein paar Jahren in der Hochfinanz tätig. Mittlerweile hat er einen eigenen Blog: www.boerseneinmaleins.de und mehrere Einführungsbücher zur Börse für Anfänger geschrieben.

Die einzige Lektion über Aktieninvestitionen, die Sie jemals brauchen werden

Florian Homm

Erfolgreiche Aktieninvestitionen sind viel weniger verwirrend und viel unkomplizierter, als man sich vorstellt. Florian Homm, Hedgefonds-Manager und Großinvestor, weiß, wie es funktioniert. In »Die einzige Lektion über Aktieninvestition, die Sie jemals brauchen werden« erklärt er es.

Kostenlos als eBook erhältlich

Die Kunst des Leerverkaufs

Florian Homm | Gubian Dag

Dieses Buch ist an eine Vielzahl von Lesern gerichtet: Privatanleger, professionelle Investoren, (Wirtschafts-) Studenten, Journalisten, aber auch Interessierte, die sich für die Kunst des Leerverkaufes begeistern können. Dieses Buch ist keine theoretische Abhandlung, sondern vielmehr ein Handbuch mit starkem Praxisbezug. Sie werden Einblicke in den Kopf eines Baissespekulanten erhalten und dadurch wertvolle Analysetechniken erlernen, die Sie in dieser Form vermutlich an keiner Universität der Welt präsentiert bekommen. Lange Zeit war der Leerverkauf nur einer kleinen Minderheit von »elitären« Marktteilnehmern wie zum Beispiel Hedgefonds zugänglich. Heute jedoch kann bereits der Kleinanleger vom Leerverkauf profitieren, sofern sein Broker ihm diese Möglichkeit bietet. Ob Leerverkäufe zu Ihrem Anlagestil passen und sich das Auseinandersetzen mit dieser Thematik für Sie lohnt, lernen Sie in diesem Buch.

Nur über Amazon erhältlich

Endspiel

Florian Homm

Die Finanz-, Euro- und Wirtschaftskrise ist noch längst nicht ausgestanden, auch wenn Medien, Politiker und Notenbanker Sie das glauben machen wollen. Die zunehmend angespannte Lage in China und die Unruhen in Europa sind nur der Auftakt für viel dramatischere Ereignisse: das Endspiel um die globalen Vermögenswerte. Die meisten werden in der unausweichlichen finanziellen Kernschmelze alles verlieren. Nur die wenigsten werden sich wirkungsvoll schützen können. Wie können Sie also als Privatanleger Ihr Geld vor dem nächsten Crash und vor raffgierigen Regierungen in Sicherheit bringen? Wie können Sie trotzdem gewinnbringend Geld anlegen und sogar von fallenden Kursen profitieren? Welche Anlageformen führen durch die nächste große Krise und welche nicht? Florian Homm, Spiegel-Bestsellerautor, Volkswirt und Absolvent der Harvard Business School, zeigt Ihnen, wie es geht.

208 Seiten | Softcover | 14,99 € (D) | ISBN 978-3-89879-962-1

Kopf Geld Jagd

Florian Homm

Sein Ruf ist legendär. Sein Leben ein Abenteuer. Seine Häscher gnadenlos. Florian Homm. Ein Zweimeterhüne. Ein Plattmacher. Ein skrupelloser Hedgefonds-Manager. Die Fratze des neuen Turbo-Kapitalismus. Einer, der mit gerade einmal 26 Jahren für südamerikanische Regierungen und Vermögende Millionen bewegte. Einer, der kaltherzig Unternehmen filetierte und die besten Stücke weiterverkaufte. Einer, der etliche Villen, zwei Flugzeuge und mehrere Hundert Millionen Dollar Vermögen besaß und trotzdem eines nicht hatte: genug – stattdessen ständig getrieben nach immer mehr. Im Laufe seiner Karriere verdiente er am Bankrott der Bremer Vulkan-Werft, sanierte den Fußballklub Borussia Dortmund und wurde in Venezuela niedergeschossen. Die Geschichte eines genialen Finanzjongleurs, eines Gesuchten, eines Gejagten, des berüchtigtsten Enfant terrible der europäischen Finanzwelt. Dies ist seine Geschichte.

368 Seiten | Hardcover | 19,99 € (D) | ISBN 978-3-89879-788-7

225 Jahre Knast

Florian Homm

53 Jahre und 153 Tage in Freiheit. Doch jetzt soll er 225 Jahre ins Gefängnis. Florian Homm. Der Zweimeterhüne, »Plattmacher« und einstige skrupellose Hedgefonds-Manager. Von seinen Häschern verfolgt kommt es in Florenz zum Showdown: Er wird vor den Augen seiner Familie entführt und ins Florenzer Gefängnis Sollicciano gebracht. Die Strippen ziehen die US-Justiz und das FBI, die Homm um jeden Preis in den Vereinigten Staaten vor Gericht stellen wollen. Die Folgen sind selbst für Homm, der im härtesten Business der Welt zu Hause war und in Venezuela niedergeschossen wurde, die Hölle. Doch Homm nimmt den Kampf auf. Von seiner Familie, Freunden und früheren Weggefährten verlassen, unheilbar an MS erkrankt und unter ständiger Angst, doch an die USA ausgeliefert zu werden, kämpft er um sein Leben. Was folgt ist ein Thriller. Die lang erwartete Fortsetzung des Spiegel-Bestsellers »Kopf Geld Jagd«.

192 Seiten | Hardcover | 16,99 € (D) | ISBN 978-3-89879-951-5

Wenn Sie **Interesse** an
unseren Büchern haben,

z. B. als Geschenk für Ihre Kundenbindungsprojekte, fordern Sie unsere attraktiven Sonderkonditionen an.

Weitere Informationen erhalten Sie bei unserem Vertriebsteam unter +49 89 651285-154

oder schreiben Sie uns per E-Mail an:

vertrieb@finanzbuchverlag.de